내 영혼의 깊은 데서

**내 영혼의 깊은 데서**

초판 1쇄 발행 | 2026년 3월 25일

지은이 | 주진경
펴낸이 | 이한민
펴낸곳 | 아르카
총 판 | 비전북

등록번호 | 제307-2017-18호
등록일자 | 2017년 3월 22일
주 소 | 서울 성북구 숭인로2길 61 길음동부센트레빌 106-1805
전 화 | 010-9510-7383
이 메 일 | arca_pub@naver.com

홈페이지 | www.arca.kr
블로그 | arca_pub.blog.me
페이스북 | fb.me/ARCApulishing

ISBN | 979-11-89393-50-2(03230)
책 값 | 뒤표지에 있습니다



아르카ARCA는 기독출판사이며 방주ARK의 라틴어입니다(창 6:15).
네가 만들 방주는 이러하니 … 새가 그 종류대로, 가축이 그 종류대로,
땅에 기는 모든 것이 그 종류대로 각기 둘씩 네게로 나아오리니 그 생명을 보존하게 하라 _창 6:15,20

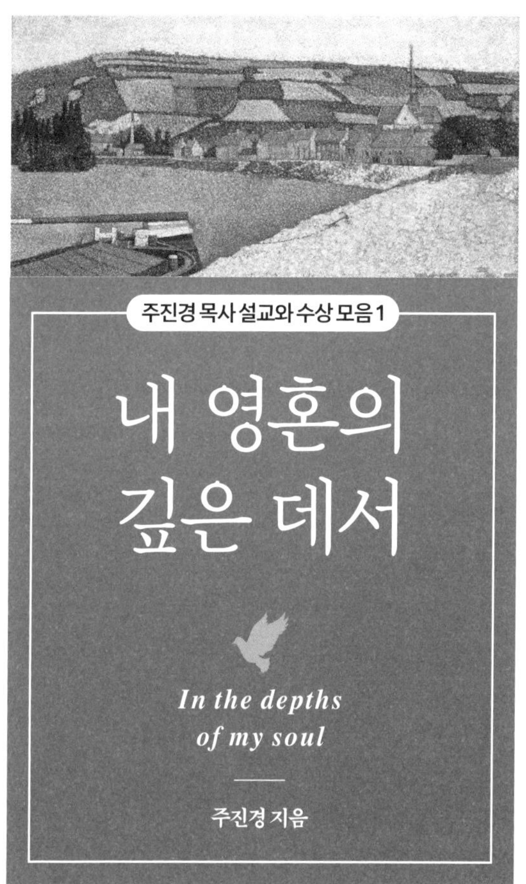



# 내 영혼의 깊은 데서

*In the depths*
*of my soul*

주진경 지음

아르카

영혼 깊은 데서 우러나는 사랑을 품고
나그네와 순례자로서 본향을 바라보신
주진경 목사님을 기억하며

# 믿는 자의 마지막을
# 최고의 선물처럼 보여주신 아빠

_주에스더

내 나이 60, 평생 아빠를 '아빠'라고 불러서인지 '아버지'라는 단어가 아직도 쉽게 나오지 않는다.

식구 모두에게 뜻있는 별명을 지어 주고, 장난스러운 말로 우리를 늘 웃게 해주던 아빠. 좋은 추억도, 귀한 말씀도 많이 남겨 주셨지만, 이제 와서 특히 머릿속을 떠나지 않는 것은 결국 마지막을 함께했던 시간이다.

그렇게 쇠약해진 몸이었지만, 하나님이 주신 생명은 주신 그날까지 최선을 다해야 한다며 회복할 방법을 찾고, 그 와중에도 말씀을 되새기고 또 되새기던 아빠. 주님 품으로 막 안기는 것 같았던 그 순간에 보여 주신 아빠의 모습은, 아빠가 내게 주신 그 어떤 선물보다도 가장 귀하다.

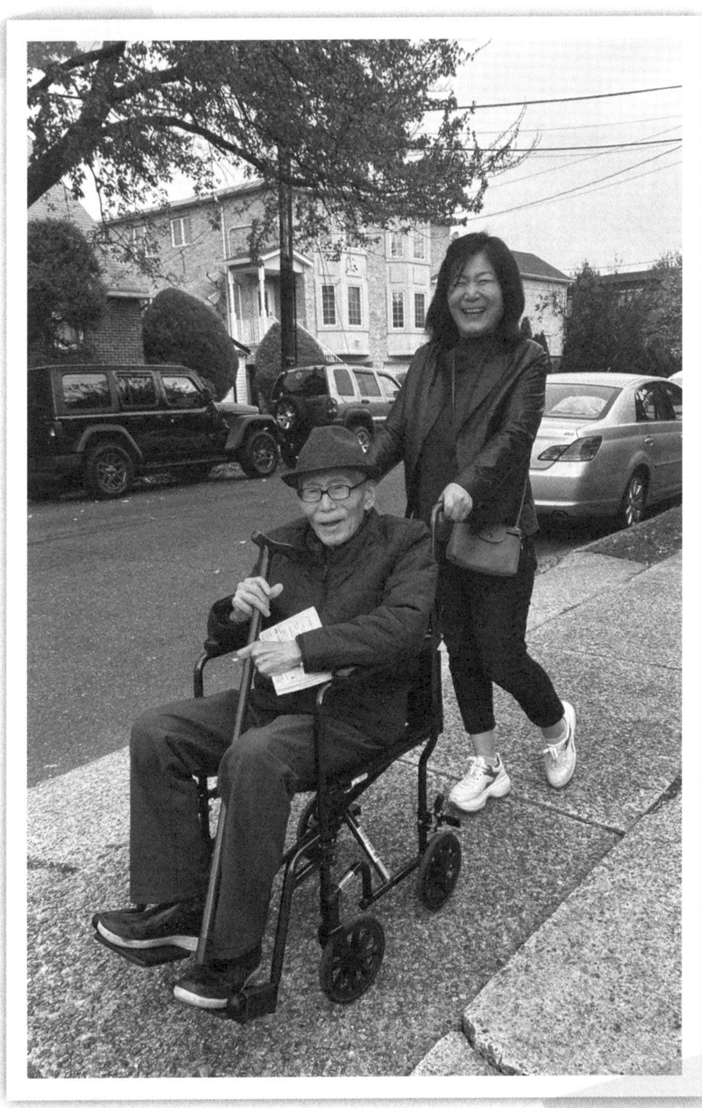

험하고 고달픈 이 세상 삶이라 해도, 믿는 자의 마지막은 결국 주 안에서의 승리요 확실한 소망이라는 것을, 나는 눈앞에서 보았다.

아빠가 가신 지도 벌써 1년이 되어 간다. 그리고 이제야 조금씩 아빠의 빈자리를 더 실감한다.

요즘 엄마가 온 마음을 다해 자주 부르는 이 찬양으로 아빠의 빈자리를 채워 본다. 그리고 이 찬양을 다 함께 나누고 싶다.

그날 모두 변화되리

예수

모든 상처 치유되리

이전 것은 지나가리라

그날에

그날 모두 알게 되리

예수

모든 답을 얻게 되리

모든 걱정 사라지리

그날에

그날에 천국에서

영원한 기쁨 주와 나누리

주의 얼굴 뵐 때

승리의 노래 부르리


**영어 가사가 더 마음에 와닿아, 더욱 간절하다.**


*One day when we all get to heaven*

*What a day of rejoicing that will be*

*When we all see Jesus*

*We'll sing and shout the victory*

*Amen.*


**_큰딸 주에스더**

# Content

## 2부
# 뉴욕에서 전한 말씀

**1부**

—

# 델리오에서 전한 말씀

*In the depths of my soul*

# 감사하지 않을 수 없는 인생

시편 105:1-5

종말에 관한 책을 읽는 가운데, 20여 년 전에 〈LA 타임〉 지에 실렸던 한 삽화를 소개한 짧막한 글을 읽었습니다. 삽화의 제목은 '교황의 둑'이고, 그림의 내용이 이렇습니다. 교황의 둑에 금이 가자 교황이 둑의 갈라진 사이를 손으로 막고 있는데, 또 다른 곳에서 금이 가고 있는 장면입니다. 로마 가톨릭의 부실한 교리가 무너지기 시작했다는 것을 풍자하는 내용이었습니다.

또 다른 그림이 있습니다. 잡지 같은 데 게재된 것은 아니고, 나의 서재에 있는 그림입니다. 제목은 '감사'인데, 애굽의 국무총리가 된 요셉이 깊은 명상에 잠겨 있는 모습입니다. 요셉 총리가 무슨 생각에 그다지도 깊이 잠겨 있는지 궁금합니다.

팔레스타인 지역에서 양 치는 직업은 천한 신분의 일입니다. 요셉은 이 천한 양치기의 아들로서, 자기 나라도 아닌 남의 나라에서, 그것도 당시 세계에서 가장 강한 나라 애굽의 국무총리가 되어 부귀와 영화를 누린다는 것은 꿈에도 생각하지 못할 일이었습니다. 더구나 요셉은 생이별(生離別)한 아버지와 자기를 죽이려고까지 하다가 노예로 팔아넘긴 형들을 기근 중에 애굽으로 이주케 하여 비옥한 땅에서 살 수 있도록 했습니다. 요셉이 아무리 생각해 보아도 꿈만 같은 일이었습니다. 그의 조상들을 돌이켜 봅니다. 증조할아버지 아브라함의 믿음의 생애가 시작됩니다. 미리 계획한 바도 없고 정해진 갈 곳도 없이 갑자기 삶의 본토를 떠난다는 것은 결코 쉬운 일이 아닙니다. 성경은 아브라함이 본토를 떠나는 장면을 이렇게 묘사하고 있습니다.

이르시되 네 고향과 친척을 떠나 내가 네게 보일 땅으로 가라 하시니

_행 7:3

믿음으로 아브라함은 부르심을 받았을 때에 순종하여 장래의 유업으로 받을 땅에 나아갈새 갈 바를 알지 못하고 나아갔으며 _히 11:8

하나님은 그에게 발붙일 유업을 조금도 주지 않으시고, 오히려 아직 자식도 없는 그에게 "네 자손이 하늘의 뭇별과 바다의 모래와 같이 될 것이며, 그들이 이방에 나그네가 되어 400년간 종살이

하다가 내가 지시할 땅으로 돌아가리라"고 말씀하셨습니다. 아브라함을 믿음의 조상이요 복의 근원이라고 하지만, 그의 생애를 기록한 창세기에는 어느 구절을 보아도 아브라함이 부귀와 영화를 누렸다는 구절이 없고, 흔적도 보이지 않습니다.

아브라함이 100세에야 얻은 아들, 요셉의 할아버지인 이삭은 어떠합니까? 이삭은 하나님의 말씀을 듣고서 아들인 자기를 칼로 죽여 제물로 바치려던 아버지에게 죽기까지 순종한 아들이었습니다. 그때 이삭의 나이로 보아, 자기 아버지라 해도 120세를 바라볼 때여서 항거할 수도 있었습니다. 그러나, 자신을 잡아 죽여 번제로 바치려는 아버지 아브라함에게 순종했습니다. 이는 곧 십자가에 못 박혀 죽기까지 아버지께 순종한 하나님의 아들, 어린양 예수 그리스도의 예표입니다.

그 이삭은 또 세상을 어떻게 살았습니까? 그는 우물을 파면 빼앗기고, 옮겨 가서 파면 또 빼앗겼습니다. 우물을 빼앗기면 또 다시 팠습니다. 그렇게 기업을 얻으면 빼앗기고 또 빼앗기면서, 사활의 결정적인 순간에도 끝까지, 힘의 대결을 결코 하지 않고서 세상을 살아갔습니다. 이것은 무엇을 의미하는 걸까요?

예수님이 붙잡히던 날 밤, 결정적인 순간에 칼을 빼어 휘둘렀던 베드로에게 예수님은 "네 검을 도로 집에 꽂으라. 검을 가지는 자는 다 검으로 망하느니라"고 하셨습니다. 이것은 곧 예수님의 온유를 뜻합니다. 성경에 예수님께서 '내게 배우라'고 하신 것이 딱

델리오한인장로교회 앞에서.

하나가 있는데, 마태복음 11장 29절에 "나는 마음이 온유하고 겸 손하니 나의 멍에를 메고 내게 배우라"고 하신 말씀입니다. 아브 라함의 약속의 자식 이삭, 즉 요셉의 할아버지는 예수 그리스도의 온유와 겸손과 십자가의 못 박힘을 예표합니다.

이러한 아버지를 둔 요셉의 아버지, 즉 야곱은 어떠한 삶을 살 았습니까? 요셉은 자기 아버지 야곱의 행적과 삶을 잘 알고 있었 을 것입니다. 장자권 문제로 형 에서의 원한을 사서, 부모와 형과 함께 살지 못하고 도망하여 20년간 머슴살이했던 아버지가 야곱 입니다. 20년간의 머슴살이 후에 가족과 부를 이루고도 그곳에서 편안히 살 수 없어서, 도망갔던 길을 다시 도망해 와야 했던 아버 지가 야곱입니다. 도망하는 길마저도 순탄치 아니하여, 얍복 나루 터에서 환도뼈가 부러지도록 하나님께 매달렸습니다. 요셉의 아버지 야곱은 환도뼈가 부러지고서야 형 에서와 화해했습니다. 세 겜에 와서는 그의 딸이 세겜 사람에게 강간을 당함으로, 야곱의 아들들이 세겜의 청년을 살육하는 사건이 벌어졌습니다. 나중에 는 그토록 사랑하는 아들 요셉을 잃고, 한 맺힌 여생을 "내 나이가 130이나 험한 나그네의 세월이었다"라고 고백한 삶이었습니다.

그 아들인 요셉 자신은 어떠했습니까? 아버지의 치우친 사랑 까닭에 형들의 미움을 사서 함정에 빠져 죽임을 당할 뻔했고, 죽 임은 면했으나 애굽에 노예로 팔려 갔습니다. 노예 생활이라도 평 탄했느냐 하면, 그런 것도 아니었습니다. 보디발의 아내로부터 무 고하게 모함을 받아 감옥에 갇히고, 술 맡은 관원장의 꿈을 해석 해 주어 억울함이 풀릴 뻔도 했는데, 그 관원장의 무심함으로 무 려 13년간 감옥 생활을 하였습니다. 하지만 지금은 이러한 고통 과 역경의 파란을 겪고 강대한 일국의 국무총리 자리에 앉아 있습 니다. 그런 그는 어떤 생각을 했을까요?

'이것이 단순히 내가 바로의 꿈을 해석해 주어 일어난 결과이며 혜택이요 행운이란 말인가? 아니야. 아브라함, 나의 증조부, 그는 안정된 삶의 터전을 버리고 하나님의 말씀을 좇아갔을 뿐 아니라, 독자 외아들까지도 제물로 바치려던 말씀의 순종자가 아닌가! 이 삭 할아버지는 그때 17세였으니 자기를 칼로 죽여 제물로 바치려 던 117세의 노약한 아버지를 얼마든지 밀어낼 수 있었을 터이나 죽음을 각오하고 순종했다. 그뿐 아니라, 이웃과의 관계에서도 인

    1부 | 델리오에서 전한 말씀

간적인 힘으로 원수를 맺는 삶을 살지 않았다. 그러면 아버지 야곱은 어떠했는가? 그는 비록 여러 가지 흠이 있었다 할지라도, 다리가 부러지도록 하나님을 붙들고 매달린 사람이다.'

요셉이 자기 자신을 돌아보고 아무리 주변을 둘러 살펴봐도, 죽을 고비마다 자기를 구하고 살린 것은 하나님 외에 아무도 없었습니다. 증조부 아브라함이 부귀영화를 누린 것도 아니요, 할아버지 이삭도 권문세도가가 아니었으며, 아버지 야곱도 추앙받는 명망가가 아니었고, 자신도 유능하고 똑똑한 자식이 아니었습니다. 곰곰이 생각해 보니, 말씀을 좇고 죽도록 복종하며, 다리가 부러지기까지 하나님께 매달리고 붙잡은 이는 자신의 조상이요 아비이며, 그리고 자신이었습니다. 이들 모두 하나님의 말씀을 믿고 복종하였기에 본토를 떠나도 살 곳을 얻었습니다. 목숨을 내놓아도 살았으며, 원수가 되었어도 종내 화목해졌고, 그 자신도 종으로 끌려갔어도 총리가 되었습니다. 요셉이 까닭 없이 당한 자신의 고난과 고통을 떠올리면 이가 갈리고 복수심이 불타오르지만, 생각할수록 그게 아니었습니다.

하나님의 은혜를 입은 사람들은 언제나 선을 좇아갑니다. 우물을 빼앗겨도 싸우지 않아요. 데살로니가전서 5장 15절에 "삼가 누가 누구에게든지 악으로 악을 갚지 말게 하고 서로 대하든지 모든 사람을 대하든지 항상 선을 따르라"고 했습니다. 요셉은 자기를 죽이려 했고 노예로 팔아넘긴 형들 앞에서 말합니다.

19… 두려워하지 마소서 내가 하나님을 대신하리이까 20당신들은 나를 해하려 하였으나 하나님은 그것을 선으로 바꾸사 오늘과 같이 많은 백성의 생명을 구원하게 하시려 하셨나니 _창 50:19-10

요셉의 깊고 깊은 명상입니다. 명상… Meditation, Think, think and think again. Think를 거듭하다 보니 Thank가 되었다고 합니다.

여러분, 오늘 추수감사주일을 지내고 있습니다. "봄에 씨를 뿌려 가을에 풍성한 수확을 얻으니 감사하다." 이런 식으로 감사를 따지다가는 감사하지 못할 경우가 너무나도 많이 있을 것입니다.

우리가 어떠한 인생의 길을 가고 있는지를 살펴보시기 바랍니다. 아브라함과 이삭과 야곱이 당대에 부귀와 영화를 누린 것이 없고 권문세도를 누린 일이 없는데, 어찌 복의 근원이라고 불립니까? 지금 당장 여러분이 요셉과 같은 국무총리의 부귀영화를 누리고 있지 아니하다 할지라도, 우리가 그들이 걸어온 길에 있기만 하다면, 5년, 10년, 20년, 30년, 40년, 50년, 그 이상의 후대에 우리가 좋은 복이 예기치 않게 다가올 것입니다. 여러분 모두 범사를 곰곰이 생각하고 생각하며 또 생각해 보아도, 감사할 수밖에 없는 신앙 인생의 복된 길을 가시기를 축원합니다.

- 2000년 추수감사주일, 델리오 한인장로교회

# 여호와의 법도를
# 행하는 자에게

시편 103:15-18

40여 년 전, 한국 연세대학교의 철학 교수로 널리 알려진 김형석 교수가 길거리의 시계 수리점에 가서 시계를 수리하려 하였습니다. 고장 난 시계를 여러 날 동안 호주머니에 넣고 다니다가, 그날은 그가 늘 지나가던 길거리에 나무 탁자 하나를 놓고 시계를 수리하는 노점 시계방에 들러 그 시계를 고쳐 달라 한 것입니다.

그 수리공은 늘 자기 앞을 지나가곤 하던 수수한 신사를 알아보았습니다. 앉을 데는 없지만, 약 15분이면 되니 잠깐 곁에 서서 기다려 달라고 하였습니다. 김 교수는 모처럼 한가한 시간을 맞아 그 옆에 서서, 소리공이 시계 뚜껑을 열고 세밀하게 생긴 시계 내부를 손질하는 것을 흥미 있게 바라보고 있었습니다.

시계를 고치던 수리공이 김 교수에게 말을 건넸습니다. "선생님은 무엇을 하는 분이신가요?" 고객의 직업을 묻는 것은 옳지 않은 일인데, 아마도 그 시계 수리공은 늘 자기 앞을 지나가는 이 허름한 신사에게 마음이 끌리고 관심이 있었던 것 같습니다.

김 교수가 "저에 대해서 궁금한 것이 있습니까? 한번 알아맞혀 보시지요"라고 말했습니다. 수리공은 평소에 점쳐 놓기라도 한 듯이 "학교 선생님이 아니신가요?"라고 했습니다. 김 교수가 대답했습니다. "잘도 알아맞히십니다. 예. 나는 학교에서 가르치는 사람입니다."

시계공이 다시 물었습니다. "그래요? 제 추측이 맞았군요. 그러면 무엇을 가르치시나요?" 김 교수도 그와 대화하는 것이 흥미로웠는지 이렇게 말했습니다. "그것도 한번 맞혀 보시지요." 시계공이 말하기를 "선생님이 가르치는 분이라는 것은 선생님의 표정과 행색을 보아서 짐작이 갔지만, 무엇을 가르치는지까지야 알 수가 없지요"라고 했습니다. 김 교수는 그 물음에 대답하지 않을 수 없다는 느낌이 들어서 "나는 철학을 가르칩니다"라고 대답했습니다. 시계공은 김 교수의 수수하고 평범한 모습에 그가 으레 국민학교 교사쯤으로만 보였는지 "국민학교에서도 철학을 가르치나요? 철학을 가르치신다니 고민이 많겠습니다"라고 말했습니다. 김 교수는 "나는 대학에서 가르칩니다"라고 대답했습니다. 김 교수의 이 대답은 그의 인간적인 양심이었다고 합니다.

이렇게 이런저런 이야기를 나누는 사이에 시계는 수리가 되었

　　　　　　　　　　　　　　　　　　1부 | 델리오에서 전한 말씀

고, 수리공은 시계를 반짝반짝하게 닦아 김 교수 앞에 내놓았습니다. 김 교수가 그 시계를 받아 들고 말했습니다. "아저씨 말대로 나는 고민도 많은데, 수리비나 조금 싸게 해주시오." 시계공은 철학 선생과 대화를 나눈 것이 기분 좋고 흐뭇했는지 시계 수리비를 아주 싸게 해주었습니다. 그 후 이 노점 시계방은 연세대학교 교수들과 조교들의 단골 시계 수리소가 되었다고 합니다.

이 김 교수가 연세대학교 정문에 들어서서 백양로를 따라 교수실로 걸어가고 있었습니다. 그런데 뒤에서 헐레벌떡 달려오던 한 학생이 김 교수가 있는 곳까지 와서는 걸음을 멈추더니 "교수님, 지금 가세요?" 하며 뒤에서 인사를 하고는, 김 교수를 돌아보지도 않고 뛰기 시작했습니다.

김 교수가 그 학생에게 "여보게, 김 군. 자네 무엇 하러 그렇게 달려가는가?"라고 물었습니다.

학생이 대답했습니다. "다음 주에 졸업시험을 보는데, 오늘 종합 강의가 있습니다. 그것을 들어야 하는데, 지금 조금 늦었습니다. 그래서 이렇게 달려갑니다."

김 교수가 말했습니다. "종합 강의는 들어서 무엇하나?"

학생이 답했습니다. "좋은 성적으로 졸업해야지요. 좋은 성적으로 졸업해야 좋은 직장을 얻습니다."

이후로 둘의 대화가 이어졌습니다.

"그래, 좋은 직장 얻으면 어떻게 되는가?"

"요즘은 아무리 대학 나와도 좋은 직장 없으면 좋은 데 장가가지 못합니다. 장가를 잘 가야지요."

"그래 장가 잘 가서 어떻게 되는데? 무어가 좋은가?"

"아들딸 낳고 잘 사는 것이지요."

김 교수가 또 물었습니다. "아들딸 낳고 잘 살면 그다음에는 어찌 되나? 그 다음엔 또 무엇을 할 것인가?"

강의 시간에 늦어서 뛰어가는 학생을 붙들고 시답지 않은 말을 자꾸 해서 그런지, 학생의 대답이 진지하지 않았습니다. 아들딸 낳고 잘 살면 그다음에 어찌 되느냐는 김 교수의 물음에, 이 학생은 철학 교수라면 다 이런 식인가 하는 말투로 이렇게 대답했습니다. "잘 산 다음에는 죽는 거지요."

학생의 이러한 대답에 김 교수가 정색을 하며 말합니다. "자네는 지금 죽으려고 그렇게 달려가고 있는 것인가? 죽은 다음에는 더 갈 데도 없고, 그러면 더 누리고 할 일도 없단 말인가?"

인생이 이처럼 빨리 달려가서 종합 강의 듣고, 좋은 점수로 졸업하고, 좋은 직장에 들어가고, 장가도 잘 가서 아들딸 낳고 잘 살다가 죽고 심판도 없이 끝나 버린다면, 인생이란 얼마나 단순한 것일까요? 참 편리한 인생입니다.

그 학생은 미션 스쿨(Mission School)의 채플 시간에 들은 것이 있어서 천국이 있고 지옥도 있다는 것을 알고 있었습니다. 그런데 자기에게는 천국에 갈 만한 믿음이 없으니 차마 천국 간다는 대답은 못 하고, 그렇다고 지옥으로 간다고는 더더욱 답하지 못했습니다. 그래서 고작 한 대답이 "잘 산 다음에는 잘 죽는 거지요"였습니다. 이 이야기는 필자가 김 교수의 강의를 들을 때에 직접 들은 일화입니다.

여러분, 우리가 이 땅 위에 살면서 잘 살든 못 살든, 성적이 좋든 나쁘든, 좋은 직장을 얻든 못 얻든, 장가를 잘 가든 잘 못 가든, 시계 수리비를 많이 받든 적게 받든, 이 육신의 삶을 마친 다음에 갈 곳이 있는 사람은 복된 사람들입니다. 최고의 영화와 명예와 권세를 마음껏 누렸다 할지라도, 죽은 다음에 그 영혼이 갈 곳이 없는 사람은 불행한 사람이요, 가난하고 멸시천대를 받으며 힘들고 어렵게 살았다 할지라도, 죽은 뒤에 갈 곳이 있는 사람은 땅 위에서 잘 못 산 것이 조금도 억울할 것이 없는 복된 사람입니다.

히브리서 9장 27절에는 "한 번 죽는 것은 사람에게 정해진 것이요 그 후에는 심판이 있으리니"라고 기록하고 있습니다. 사람이 그 육신의 죽음으로 삶이 청산되는 것이 아니라 그의 삶에 따라 지옥이냐 천국이냐로 심판이 있다는 것입니다. 오늘 사는 것이 지겹고 힘들며, 믿음으로 산다지만 잘되는 것이 없고 오히려 일이 꼬이며, 뜻대로 되지 않고 손해만 날 수도 있습니다. 믿음으로 산다는 것이 오히려 억울하게 생각되는 때도 있습니다. 그러나 현실은 이렇다 할지라도, 이 땅에서 생을 마치는 날 서슴지 않고 갈 곳이 있다면, 그는 분명 최고로 복을 받은 사람입니다.

그렇다면 고생과 수고를 다 마치고 가는 천국, 오직 성령 안에서 의와 희락과 평강만이 있는 영원한 복지, 천국에는 어떻게 가는 것일까요? 천국은 돈으로도 못 가고 힘으로노 못 가고, 지식으로도 못 가고 벼슬로도 못 가는 나라입니다. 천국은 어떻게 갈 수 있을까요? 오직 예수 그리스도에 대한 믿음으로만 갈 수 있습니다. 요한복음 14장 6절의 말씀대로, 예수 그리스도가 유일한 그 길입니다.

예수께서 이르시되 내가 곧 길이요 진리요 생명이니 나로 말미암지 않고는 아버지께로 올 자가 없느니라 _요 14:6

믿음으로 가는 나라, 하나님 나라! 믿음으로 가는 나라가 하나님 나라입니다. 돈으로는 천국에 못 간다 하니, 돈이 없는 우리에게는 다행스러운 일입니다. 힘과 지식, 벼슬과 명예로도 못 간다 하니, 힘도 없고 지식도 없으며 벼슬과 명예도 없는 우리가 믿음으로 천국에 갈 수 있다는 것이 얼마나 다행스러운 일인지 알 수 없습니다. 하나님의 말씀, 성경은 말합니다.

복음에는 하나님의 의가 나타나서 믿음으로 믿음에 이르게 하나니 기록된바 오직 의인은 믿음으로 말미암아 살리라 함과 같으니라 _롬 1:17

  

그런데 문제가 하나 있습니다. 믿음만 있으면 천국에 갈 수 있다고 하였는데, 여기에 골칫거리가 있어요. 그 믿음이 어떠한 믿음이냐 하는 것입니다. 산 믿음이라야 천국에 갈 수 있지, 죽은 믿음으로는 천국에 갈 수 없습니다. 산 믿음이란 하나님 말씀에 대한 행함이 있는 믿음이며, 죽은 믿음이란 하나님 말씀에 대한 실천이 없는 믿음으로, 지식에 불과합니다.

불행하게도 오늘날 천국에 가지 못할 죽은 믿음을 가진 사람이 많습니다. 천국에 가지 못할 바에야 무엇 하러 예수를 믿습니까? 야고보서 2장 17절과 26절은 하나님의 말씀에 대한 실천과 행함이 없는 믿음은 그 자체가 죽은 것이라고 기록하고 있습니다. 하나님의 말씀을 즐거워하고 주야로 묵상한다 해도, 이를 몸소 실천하여 내 생활에 그 열매를 나타내지 않으면, 그것은 성경 구절에 대한 지식이 될지는 모르나 생명을 구원하는 믿음이 아니며, 그 믿음 자체가 죽은 것입니다. 이 죽은 믿음으로 어떻게 생명을 구원하며, 어떻게 하늘나라, 곧 천국으로 가겠다는 것입니까?

그런데 구원은 오직 믿음으로 받는 것이지 공로나 노력이나 행위로 받는 것이 아니라고 했는데(엡 2:8-9), 어찌 야고보서는 행함이 없는 믿음은 죽은 믿음이라고 하면서 행함을 요구하는 것일까요? 야고보서 2장 21-24절을 보면, 아브라함의 믿음이 그 행함과 함께 온전하게 되었지, 의롭다 하심이 믿음으로만 된 것은 아니라고 했습니다.

믿음을 행하라고 요구하는데, 무엇을 행하라는 것입니까? 우리 믿음의 대상은 예수 그리스도이시며, 믿음의 내용, 즉 '우리가 행하여야 할 것'은 주님이 내리신 말씀과 계명을 지켜 행하고 실천하는 것입니다.

구약의 모든 계명은 십계명으로 전체가 집약되고, 신약에 와서는 그 모든 계명이 사랑의 계명으로 집약됩니다. 이 계명이 곧 예수님께서 십자가에 고난받으시기 전에 내리신 새 계명입니다.

새 계명을 너희에게 주노니 서로 사랑하라 내가 너희를 사랑한 것같이 너희도 서로 사랑하라 _요 13:34

로마서 13장 9-10절은 모든 계명이 이 사랑의 계명 안에 들어있으며, 사랑은 율법의 완성이라고 기록하고 있습니다. 그러므로 믿음을 행한다는 것은 곧 하나님의 계명을 실천한다는 것이며, 따라서 사랑을 베푸는 일입니다. 율법의 주인이신 예수님이 이 땅에 오신 것은 바로 하나님의 사랑을 실천하기 위해서이고, 그것이 곧 구원입니다.

예수님은 이 땅에 오셔서 말씀으로 가르치기만 하지 않으셨습니다. 죄인 된 우리를 대신하여 실제로 십자가에 달리사 고난당하시고 구원의 사랑을 실천하셨습니다. 그러니 우리도 믿음을 행해야 합니다. 믿음을 행한다는 것은 사랑을 실천하는 일입니다.

사랑 중에 가장 큰 사랑은 전도하는 일입니다. 이것은 곧 구원을 얻게 하는 것이기 때문입니다. 전도는 물질이나 명예나 무슨 벼슬자리를 주는 것과 비교할 수 없는 최고의 사랑입니다.

이웃의 허물을 덮어 주고 과오를 용서하는 것도 큰 사랑입니다. 일용할 것을 나누어 주는 것도 귀한 사랑입니다. 남에게 작은 친절을 베푸는 것 또한 사랑입니다. 허약한 자에게 앉아 있던 자리를 양보하는 것도 사랑입니다. 이웃과 더불어 같이 슬퍼하고 기쁨을 나누는 것도 사랑입니다.

교회와 신앙인이 하는 모든 행위가 사랑의 행위여야 합니다. 고로 교회는 곧 사랑의 공동체인 것입니다. 주님께서 우리 인간에게 베푸신 사랑이 구원입니다. 그러므로 '믿음의 행함이 없다'라는 것은 결과적으로 사랑을 베풀지 아니했다는 것이며, 전도하지 않았다는 것입니다. 전도와 선교는 생명을 걸고 하는 것이며, 힘들고 어려운 일입니다. 전도지를 주어도 잘 안 받고 거들떠보지도 않고, 그래서 맥이 빠집니다. 부끄러워서 못하고 창피해서 못하기도 합니다. 전도한다고 생각하니까 그렇게 되는 것입니다. 그러나 전도한다고 생각하지 말고 사랑과 친절을 베푸는 일이라고 생각하면 잘될 것입니다.

이렇게 중요한 사랑을 우리가 왜 실천하지 못하는 것일까요? 사랑(love)이라는 단어의 밑바닥에는 '희생'(sacrifice)이라는 의미가 깔려 있다는 것을 아셔야 합니다. 사랑, 'love'란 말은 좋아하지만 실제로는 희생하기를 싫어하는 마음이 누구에게나 있기 때문입니다. 그러므로 예수님은 말씀하시기를 "누구든지 나를 따르려 하는 자들은 먼저 자기를 부인하고 자기 십자가를 지고 나를 따르라"고 하셨습니다(마 16:24). 자기를 부인하는 희생이 없이는 그 누구도 사랑이신 하나님을 따라 자기 외에 다른 이를 사랑할 수 없기 때문입니다.

고린도전서 13장 13절 "그런즉 믿음, 소망, 사랑, 이 세 가지는 항상 있을 것인데 그중의 제일은 사랑이라"라는 말씀은 깊이, 또 깊이 묵상하고 새겨야 할 말씀입니다. 하나님이 사랑이십니다(요일 4:8). 믿는 자로서 이 하나님을 경외하고, 그 법도(法度), 즉 '하나님이 나에게 베푸신 그 사랑'을 실천하는 자에게는 여호와의 인자하심이 영원하고 그 자손에게까지 미칠 것입니다.

- 델리오 한인장로교회

# 율법을 폐하는
# 바리새인과 서기관

요한복음 7:45-8:1

회개를 외치며 공생애를 시작한 예수님은 안식일 논쟁부터 시작하여 대제사장과 바리새인들에게 끊임없는 박해의 표적이 되었습니다. 본문에서도 보는 바와 같이, 대제사장과 바리새인들에게는 예수를 잡으려는 악의가 번득이고 있습니다. 그들이 하솔(아랫사람)들에게 예수를 잡아 오라고 강력하게 종용한 것을 문맥으로 알 수 있습니다.

하솔들이 단단히 다짐을 하고 나섰겠지만, 그들은 예수를 잡아 오지 않고 거저 돌아왔습니다. 이것을 보고 대제사장과 바리새인들이 어찌하여 예수를 잡아 오지 않았느냐고 묻습니다. 하솔들은 예수의 권세에 눌려 그를 잡아오지 못했다고 대답합니다.

이 말은, 즉 '이제까지 예수처럼 참되고 권위 있는 말씀을 하는 사람을 본 적이 없는데, 어떻게 그러한 분을 함부로 잡아 올 수 있겠습니까? 그래서 못 잡아 왔습니다'라는 뜻입니다.

대제사장과 바리새인들도 예수의 말씀과 행적이 권세가 있다고 들어 알고 있었을 것입니다(마 7:29, 9:6). 그들이 하솔들이 변명하는 말을 듣고는, 예수에 대한 분노와 증오를 예수를 잡아 오지 아니한 하솔들과 거기에 모인 무리에게 돌리고 있습니다.



예수의 참되심과는 관계없이, 그들 자신의 유익에 등을 돌리는 자들을 판단하고 정죄하고 저주합니다.

예수의 참됨과 권세 있음이 거듭 들려온다면, 정녕 사도행전 17장 11절 이하에 나오는 신사적인 베뢰아 사람들처럼 '과연 그것이 그러한가?' 하며, 자신들이 알고 있는 율법과 예수님의 말씀을 상고해 보는 것이 난세를 사는 사람들의 지혜요 진리를 좇는

아루냐 교회에서 예배드리는 모습.

태도일 것입니다. 그러나 그들은 진리와 참, 예수님의 권세 따위에는 아랑곳하지 않고, 자기들의 위치를 지키려는 편협한 아집과 이기심에 부응하지 않는 집단을 항해, 율법을 모르는 저주를 받은 자라고 판단합니다. 이러한 사고와 발상이 현대 사회에서는 전제와 독재로 발전하는 것입니다.

대제사장과 바리새인들이 그렇게 무리를 함부로 판단하고 정죄하는 말을 듣고, 그 자리에 있던 니고데모가 한 말은 신선한 충격을 줍니다.

니고데모는 바리새인 관헌의 한 사람으로, 일찍이 사람들의 눈을 피하여 밤중에 예수를 찾기도 했습니다. 당시 모든 이스라엘 백성들이 율법과 유전에 얽매어 암울한 시대를 살았던 것처럼, 요한복음 3장은 그가 심령이 가난하여 번뇌하던 사람인 것을 밝히고 있습니다. 그는 암울한 시대를 살면서도 현실을 거슬러 심령의 평안과 구원의 소망을 갈구하였습니다.

모름지기 암울한 시대를 살면서도 니고데모와 같이 '그러한가…' 하고 진리를 상고하는, 깨어 있는 태도가 중요합니다. 또한 만인이 제사장이어야 할 이유가 여기에 있습니다.

니고데모는 대제사장과 바리새인들이 하솔과 무리들을 향하여 '율법을 모르는 저주받은 자들'이라고 하는 말을 듣고, 율법에 대한 그들의 무지를 지적합니다. 바리새인들이 율법을 악용하여 예수를 잡으려는 것이 부당한 처사라고 고발한 것입니다.

"당신들이 말하는 율법은 도대체 어떤 율법이요? 당신들은 율법을 어떻게 알고 있소? 오히려 당신들이 율법을 모르고 있는 것이오. 율법을 제대로 모르는 당신들이 그 율법으로 애매한 사람을 정죄하고 붙잡아 돌로 치려 하고 있소. 당신들이 율법을 모르면서, 어떻게 그 율법으로 사람을 붙잡아 죽이고 저주할 수 있단 말이오? 율법을 행함에 있어서는 반드시 두세 사람의 증언을 들어야 하는데 아무런 증언도 듣지 않고, 어느 누구보다 참되고 권세 있는 예수를 잡아다 못 박으려 하는 당신들이 오히려 율법을 모르는 저주받은 자들인 것이요."(신 1:16-17, 17:6)

니고데모의 신랄한 비판입니다.

현대적 사례에 비추어 보면, 이런 것이 곧 우리나라의 현대사에 나타난 유신 체제 하에서의 독선과 무법한 억압의 권력 행사였습니다. 허다한 무고한 사람들이 사유 없이 정죄되고 죽어갔습니다. 자기들의 주장과 유익에 따르지 않는 집단을 법으로 누르고 탄압하여 복종과 희생을 강요한 슬픈 역사입니다.

니고데모의 논리정연한 율법관을 듣고, 대제사장과 바리새인들은 억담을 늘어놓습니다.



이것 역시 오늘날에 비추어 보면 진리의 왜곡이고, 지역감정에 의한 독단과 독선이며 억압입니다.

용기 있는 한 사람이 진리를 표방하고 주장하므로 모든 사람이 각각 집으로 돌아갔다고 한 요한복음 7장 53절의 말씀은 오늘날 우리 한국 사회에 들려야 할 금언이라 할 수 있습니다.

무리는 니고데모의 올바른 말을 듣고 각기 집으로 돌아갔습니다. 각각 집으로 돌아갔다는 것은, 그들이 쉬고 먹고 마시며 누워 자고 일어나며, 애환을 나누고 위로받는 처소로 돌아갔다는 것입니다. 진리, 곧 올바른 율법의 시행이 평안을 가져다주었다는 것입니다.

이처럼 백성들은 각자 집으로 돌아갔는데, 예수님은 어디로 가셨습니까? 요한복음 8장 1절은 예수님께서 감람산으로 가셨다고 기록하고 있습니다. 다른 사람들은 다 각기 집으로 돌아갔으나, 예수님은 감람산으로 가셨습니다. 마태복음 8장 20절(눅 9:58)에서 예수님은 "여우도 굴이 있고 공중의 새도 거처가 있으되 오직 인자는 머리 둘 곳이 없다"라고 하셨습니다.

감람산…. 감람산은 예수님이 늘 기도하시던 곳이요 부활 후에 승천하신 곳입니다. 모든 사람이 자기 집으로 갔듯이, 예수님은 아버지 집, 천국으로 가는 문턱에 가신 것입니다.

예수님이 승천하신 후에 보좌 우편에서 기도하고 계시듯, 예수님은 세상에 계시면서 승천의 장소에 가서 기도하셨습니다. 이 예수님은 우리를 율법에서 자유케 하시며, 구원의 은혜를 베푸신 분입니다. 십자가에 못 박혀 달리사 만인을 위하여 죽으신 예수님은 영원한 메시아요 다시 없는 권능의 구세주이시며, 측량할 길 없는 사랑의 하나님이십니다.

- 델리오 한인장로교회

# 율법과 은혜, 모세와 예수

요한복음 7:53-8:11

니고데모가 대제사장들과 바리새인들을 상대로 율법에 대해 변호하는 것을 듣고 각기 자기 집으로 돌아간 백성들이, 다음 날 아침에 예수님이 성전으로 들어가시는 것을 보고서 다시 몰려왔습니다. 이것을 통해 영육 간에 갈급한 백성들이 예수님의 메시아적인 말씀 듣기를 갈망했음을 알 수 있습니다.

그때 우리가 잘 알고 있는 바와 같이, 서기관과 바리새인들이 간음하다 들켜 붙잡힌 한 여자를 끌고 왔습니다. 그들이 예수께 말하기를 "선생이여, 이 여자가 간음하다 현장에서 들켜 붙잡아 왔습니다. 모세의 율법에 의하면 이러한 여자는 돌로 치라고 하였는데 선생은 무어라고 말하시겠습니까?"라고 했습니다. 앞 장인 요한복음 7장에서 율법 논쟁을 하다가 니고데모에게 보기 좋게 당하고는 악담을 내뱉고 떠난 대제사장들과 바리새인들이, 이번에는 간음 현장에서 들킨 여자를 붙잡아 와서, 분명한 율법의 근거를 두고 예수를 시험한 것입니다.

신명기 22장 22-24절, 레위기 20장 10절을 보면, 약혼녀나 유부녀가 다른 남자와 간통하다가 들키면 변명과 은폐의 여지 없이 현장에서 돌로 치도록 규정하고 있습니다. 따라서 이번에는 간음 중에 붙잡혀 온 여자를 돌로 치는 데 율법상 하등의 하자가 없으므로, 만약 이러한 여자를 돌로 치지 아니하면 오히려 율법을 어기는 결과가 되는 것입니다. 이와 같은 경우, 예수님도 율법대로라면 이 여자를 필경 돌로 치라고 말하지 않을 수 없었습니다.

그러나 여기에는 예수를 책잡아 죽이려는 바리새인과 서기관들의 간계가 숨겨져 있었습니다. 당시 로마제국의 식민지 지배를 받고 있던 이스라엘로서는 유대인의 율법에 따라 간음녀라고 하여도 돌로 쳐 죽일 수 있는 권한이 없습니다. 로마법에 따라 재판을 받아야 했습니다. 만약 간음과 율법을 빙자하여 간음녀를 돌로 쳐 죽이면 로마제국의 국법을 어긴 살인죄가 적용되어, 예수님은 살인죄를 범하는 결과가 됩니다. 이렇게 해서 예수님께 살인죄의 올무를 뒤집어씌울 계획이었습니다.

만물의 주이신 예수께서 이들의 간계를 모를 까닭이 없습니다. 이러한 간계를 가지고 자신을 옭아매어 죽이려는 서기관들과 바리새인들의 책동에, 예수님은 "너희 중에 죄 없는 자가 먼저 돌로

성탄절에 만인을 구원하시려 세상에 오신 예수님의 탄생을 축하하며.

치라"고 말씀하십니다.

우리 모두 한번 생각해 보십시다. 이러한 상황에서 과연 누가 감히 먼저 돌을 던질 수 있겠습니까? 로마서 1장 19절 "이는 하나님을 알 만한 것이 그들 속에 보임이라 하나님께서 이를 그들에게 보이셨느니라"라는 말씀이 그 근거가 됩니다. 하나님을 알 만한 것이 모든 사람의 마음에 있다는 것입니다. 그러므로 사람이 사람을 판단하고 정죄할 때는 근본적인 자아 상태로 돌아가야 할 것을 성경은 말하고 있습니다.

비판을 받지 아니하려거든 비판하지 말라 _마 7:1

¹그러므로 남을 판단하는 사람아, 누구를 막론하고 네가 핑계하지 못할 것은 남을 판단하는 것으로 네가 너를 정죄함이니 판단하는 네가 같은 일을 행함이니라 ²이런 일을 행하는 자에게 하나님의 심판이 진리대로 되는 줄 우리가 아노라 _롬 2:1-2

"죄 없는 자가 먼저 돌로 치라" 하신 예수님의 말씀은 '돌에 먼저 맞을 자는 간음하다가 들킨 저 여자가 아니라 저를 돌로 치려 하는 너희 자신이다'라는 뜻입니다. 세상에 죄짓지 아니한 자가 어디 있습니까? 모두가 다 죄를 지었거늘, 하나님께 합당한 자가 하나도 없고, 세상에서 돌을 맞지 아니할 의인은 없습니다.

모든 사람이 죄를 범하였으매 하나님의 영광에 이르지 못하더니

_롬 3:23

기록된바 의인은 없나니 하나도 없으며 _롬 3:10

예수님의 말씀에는 '죄의 삯은 사망이니, 돌에 맞아 죽을 자는 바로 너희들 자신이다'라는 의미가 담겨 있는 것입니다.

오랜 세월이 지난 지금도 그 아픔이 지속되고 있는 6·25는 우리나라의 민족적 비극입니다. 불행한 시대였습니다. 하나님을 부인하는 북한군(인민군)이 남침하여 밀고 내려왔을 때, 마치 광장에

서 간음한 여자를 돌로 치려 하는 것과 같은 인민재판이 수없이 자행되었습니다. 이러한 장소에서 어느 누군가가 먼저 돌을 던지며 "저를 돌로 치라"고 외친다면, 그 순간이 바로 자신이 돌에 맞는 순간인 것을 깨달아야 합니다.

선한 양심이 있는 사람이라면, 설령 죄가 분명한 사람이 붙잡혀 왔다 할지라도 감히 "저를 돌로 치라"고 할 수 없습니다. 오히려 용서를 구하는 마음을 찾는 것이 하나님의 뜻이며, 또한 성경이 세상 사람들에게 가르치는 말씀입니다.

율법은 죄의 성품으로 태어난 인간들로 하여금 죄의 길에 빠지지 않게 하기 위하여 하나님이 내리신 명제적인 계명입니다. 그러므로 율법의 근본 정신은 인간에 대한 하나님의 사랑과 자비의 발현입니다.

율법은 인간으로 하여금 죄의 길에서 돌이켜 하나님이 원하시는 의의 길로 가게 하려는 에덴의 '제2 과일'이라고 할 수 있습니다. '동산 중앙의 과일은 먹지 말라 … 즉 이러한 일은 행하지 말라', '먹으면 죽으리라 … 즉 이런 일은 행하면 죽음의 심판을 받는다', '순종하라 … 즉 의를 행하라' 등과 같은 것들입니다.

우리는 종종 말기 환자를 방문합니다. 고통당하는 모습을 볼 때 연민의 마음을 금할 길이 없습니다. 동정심과 '참 안 되었구나, 얼마나 고통스러울까?' 하는 마음입니다. 회생할 가망이 없어 보여도 회생을 바라는 마음으로 환자와 그 가족을 위로합니다. 모두

객관적인 입장에서 유족들의 형편들을 생각하며, 힘겹지만 위로의 말을 합니다. 그러나 다음 순간, 자신이 그렇게 당할 경우를 생각합니다. 자신도 모르게 사기 마음속에 그런 마음이 생기는 것입니다. 장례식에 조문객으로 갑니다마는, 마음 한구석에서 자기 죽음을 생각하지 않는 사람은 없을 것입니다.

돌에 맞아야 할 사람을 앞에 놓고 돌을 던지기에 앞서, '나는 저와 같은 죄는 짓지 말자' 하는 자경심이 누구에게나 일어납니다. 여기에 선한 양심을 가진 사람이라면, 표출되지 아니한 용서에 대한 기대가 그 마음속에 깔려 있는 것입니다. 자기 자신일 경우라면 아무리 피할 길 없는 죄과를 범했다 할지라도 용서받고 살길을 찾을 것이며, 용서를 바라는 것이 인지상정입니다.

"죄 없는 자가 먼저 이 여자를 돌로 치라" 하신 예수님의 말씀에 모두 다 돌을 버리고 그 자리를 떠나 버리고, 유일하게 돌을 던질 수 있는 한 분이 여인 앞에 남아 있습니다. 바로 예수님입니다.

이제 예수님은 간음하다 들켜 잡혀 온 그 여자에게 돌을 던져 율법을 행하여야만 합니다. 그러나 예수님은 그러지 않으셨습니다. 로마법 때문에 던지지 않은 것이 아니라, 하나님이 내리신 율법이 로마법보다 더 상위의 법이기 때문이었습니다.

이 여자는 지금 돌로 그녀를 칠 수 있는 예수님 앞에 머리를 다소곳이 숙이고 땅을 내려다보며 서 있습니다. 예수님께 맡겨진 몸이요 생명입니다.

우리는 이런 상황과 정황을 머릿속에 그리면서 그 여자의 마음 속을 읽을 수 있습니다. 예수님의 처분에 맡겨진 목숨…, 율법이 은혜로 전이되는 과정에 있습니다. 그녀는 지금 간음죄로 말미암 아 율법에 의하여 돌에 맞아 죽을 수밖에 없는 순간에 처하여 있 지만, 용서가 가능한 예수님 앞에 서 있는 것입니다.

[1]그러므로 이제 그리스도 예수 안에 있는 자에게는 결코 정죄함이 없 나니 [2]이는 그리스도 예수 안에 있는 생명의 성령의 법이 죄와 사망의 법에서너를 해방하였음이라 _롬 8:1-2

만인을 구원하기 위하여 십자가에 달려 죽으시고 다시 사신 예 수님은 우리의 유일한 메시아요, 최고의 권능의 구세주이시요, 측 량할 수 없는 사랑의 하나님이십니다.

- 11월 7일 기독저널(2001년 델리오 한인장로교회 주일설교)

# 좋은 꿈을 꾸는 인생

창세기 13:6-8

꿈을 꾸고서 잠에서 깼는데, 그 꿈이 전혀 기억나지 않을 때가 많습니다. 또한 그 꿈의 내용이 기억난다 할지라도, 내용이 일관되지 않고 앞뒤가 맞지 않는 경우가 많습니다.

꿈은 참으로 신기하고 불가사의합니다. 프로이트 박사는 "꿈은 평상시에 골몰히 생각하고 열망하던 것이 의식 속에 남아 잠재해 있다가, 우리가 잠자는 사이, 의식과 지적 활동이 멈추어 있을 때 뇌리에 사건으로 나타나는 현상이다"라고 말합니다. 그러나 그러한 정의만으로는 꿈을 다 이해할 수 없습니다.

여러분도 모두 꿈을 꾼 경험이 있을 것입니다. 그 꿈으로 인하여 기분이 언짢을 때도 있었고, 반대로 기분이 좋을 때도 있었을 것입니다. 꿈에는 길몽도 있고 흉몽도 있습니다. 성경에 나타난 꿈들을 보면 인생의 운명을 예고하는 꿈도 있고, 나라와 시대의 흥망을 예고하는 꿈도 있습니다.

창세기 37장 7-9절에 기록된 요셉의 꿈은 장차 그에게 펼쳐질 장래를 예고하는 것이었습니다. 요셉이 꿈을 꾸었는데, 꿈에서 열한 개의 곡식단이 요셉의 곡식단을 향하여 절을 하였습니다. 또 꿈을 꾸었는데, 이번에는 해와 달과 열한 별이 요셉을 향하여 절을 하는 꿈이었습니다. 요셉을 향하여 절을 한 곡식단과 별은 그의 형제들이요, 해는 아버지요 달은 어머니를 뜻하는 것으로, 그의 가문 모두가 그를 섬기게 된다는 의미의 꿈이었습니다.

이런 꿈을 꾼 요셉은 여러 가지 고난을 당하지만, 종내 애굽의 국무총리가 되고 그의 부모와 형제까지 구원하였습니다.

창세기 40장에는 시위대장 보디발의 감옥에 요셉과 함께 갇힌, 왕의 술 맡은 관원장과 떡 맡은 관원장의 꿈이 기록되어 있습니다. 이 꿈도 그들의 운명을 예고해 주는 꿈이었습니다. 술 맡은 관원장의 꿈은 그가 감옥에서 석방되어 관직을 회복하게 되는 길몽이었고, 떡 맡은 관원장의 꿈은 그가 석방되지 못하고 관직을 박탈당할 뿐 아니라 처형되는 것을 예고하는 흉몽이었습니다. 애굽의 왕 바로의 꿈과 바벨론의 느부갓네살 왕의 꿈은 시대와 나라의 흥망성쇠를 예고하는 꿈이었습니다.

우리 인생들이 일생(一生)을 살아가면서 좋은 꿈을 갖는다는 것은 참으로 중요하고 좋은 일입니다. 그런데 간혹 주변에서 사람이 꾼 꿈을 개꿈이라고 말하곤 합니다. 짐승인 개가 꿈을 꾸는지는 알 수 없으나, 왜 사람이 꾼 꿈을 개꿈이라고 하는지를 생각해 봅니다.

꿈 말고 실제에서도, 꿈에 나타난 사건이 좋은 일이든 나쁜 일이든 간에 거기에 너무 집착하는 것을 보면, 사람들은 그런 사람들의 꿈을 개꿈으로 치부합니다. 로또(Lotto)에 당첨된 꿈을 꾸고서, 그 꿈에 기대를 걸고 들떠 있으면 '개꿈을 가지고서 왜 그렇게 들떠 있느냐'라고 말합니다.

개꿈이라 할지라도 좋은 꿈을 꾸는 것은 사실 좋습니다. 좋은 꿈을 꾸면 기분이 좋고 나쁜 꿈을 꾸면 기분이 언짢습니다. 그러나, 신비롭고 신기하고 불가사의하게 나타난 꿈이 좋건 나쁘건, 그 꿈에서 하나님의 메시지를 찾으려는 태도는 곧 하나님을 경외하는 태도요 삶의 지혜를 얻는 계기가 됩니다(잠 1:7, 9:10).

다음은 널리 알려져 있는 사람의 이야기입니다. 부시 행정부의 장애인 국정위원장을 지낸 시각장애인 강영우 박사는 소년 시절에 친구들과 축구를 하다가 세차게 날아온 공에 안면을 맞아 실명했으나, 믿음으로 꿈을 그리고 그 꿈을 실현한 인간 승리의 한 표본을 보여 주었습니다.

그가 실명한 당시는 의술이 발달하지 않은 때라서 시력을 회복할 가능성이 없었습니다. 그러나 그는 실망하지 않고 '눈멀지 않은 사람과 같은 삶을 살겠다'라는 꿈을 그리고, 마침내 한국인으로서는 유일하게 세계 최강국인 미국의 권력 핵심부에 가장 가까이 다가섬으로써 그의 꿈을 실현했습니다.

인생에 있어서 믿음으로 꿈을 갖는 것이 얼마나 중요한가를 절실하게 느낀 그가, 자신의 아들들에게 미래에 대한 꿈을 어떻게 그리게 하였는지를 보여 주는 일화가 있습니다. 그의 둘째 아들이 초등학교 5학년일 때, 이런 과제를 주었다고 합니다. 상당히 고차원적이고 엘리트적인 지도 방식이라고 생각합니다.

"너는 네 일생을 어떻게 살겠는가? 네 인생의 목표는 어디까지인가? 네가 이루고자 하는 목표, 즉 꿈을 그려 오너라. 지금 너는 초등학교 5학년이지만, 네가 65세 되었을 때를 가정하여, 네가 65세 때 달성할 목표와 그 과정의 전기를 미리 써 오라는 말이다."

5학년 나이의 아들에게 65세가 되었을 때를 바라보고 그 자서전을 써 오라고 한 것입니다. 그 아들은 골몰히 생각하고 성경을 읽으며 기도하며, 또 도서관에 가서 책을 펼쳐 보고, 선생님과 상담까지 하며 글을 썼습니다. 그러고는 약 두 달이 지나 타자지 20매 분량(대학 논문 80매 분량의 4분의 1 정도)의 자서전을 써 왔다고 합니다. 초등학교 5학년생이 자신이 65세가 되었을 때를 꿈으로 그린 자서전의 마지막을 요약하면 이렇습니다.

"그는 65세에 미연방 대법관으로 은퇴하고, 자서전을 집필하는 중 심장마비를 일으켜 끝내 회복하지 못하고 마지막 숨을 거두었습니다. 그의 부인 린다 여사가 심장마비로 죽은 남편의 원고를 정리하였고, 남편의 묘비에는 '여기 동양계 최초의 연방 대법원 판사 크리스토프 강이 누워 있다'라는 비문을 새겼습니다."

초등학교 5학년 때, 자신의 65세 때를 내디보고 자서전을 쓴 강 박사의 둘째 아들 크리스토퍼 강은 그 꿈을 따라 열심히 법학을 공부하고, 대학원에서 박사학위 과정을 밟았다고 합니다. (크리스토프는 훗날 민주당 상원 본회의 선임 법률보좌관이 됩니다.)

이 어두운 세상을 살아가는 우리는, 조만간 다가오는 우리 인생의 종말에 어떻게 되기를 바라는지 자신의 꿈을 잘 그려야 하고, 또 자녀들에게도 그 꿈을 스스로 그리게 하는 좋은 길잡이가 되어야 합니다.

히브리인의 잠언서인 《탈무드》는 '자녀에게 물려줄 유산은 그물과 물고기가 아니라 물고기를 낚는 법을 가르쳐 주는 것'이라고 하였습니다. 그렇습니다. 우리가 우리 자녀들에게 물려줄 유산은 재물이 아니라 세상을 신앙으로 살고 성공하는 꿈을 갖도록 지도하는 일입니다. 그리고 그것은 여호와를 경외하는 데서 얻어집니다(잠 1:7, 9:10).

자식들을 앞에 놓고 맨날 돈 버는 궁리와 안일을 추구하는 모습만 보인다면, 그것은 오늘은 밥을 먹되 내일은 굶주리고, 내일은 옷을 걸치되 모레는 헐벗는 꿈을 갖게 하는 것입니다. 깊이 새겨 들어야 할 말씀인 줄 압니다.

돈이 수중에 두둑이 있으면 인간의 태도가 달라집니다. 그 안색과 인사부터 달라지는 것입니다. 자신은 그런 자신의 모습을 잘 몰라도, 그 옆에 있는 사람은 이내 알게 됩니다. 잘못된 개꿈을 가진 사람의 모습입니다. 그러니 여러분은 그리스도 안에서 꿈을 가지기를 바랍니다.

믿음의 조상이요 복의 근원이 된 아브라함의 꿈, 그가 바라는 것은 무엇이었습니까? 무자(無子)한 아브라함은 그의 조카 롯을 아들처럼 기르고 돌보았습니다. 그러나 이렇게 은혜를 입고 자란 롯이 장성하여 재물을 알고부터는 그 안색이 달라졌습니다. 이것을 본 아브라함은 미리 그의 꿈을 그렸습니다. 그리고서 조카 롯을 불러 말했습니다.

8우리는 한 친족이라 나나 너나 내 목자나 네 목자나 서로 다투게 하지 말자 9네 앞에 온 땅이 있지 아니하냐 나를 떠나가라 네가 좌하면 나는 우하고 네가 우하면 나는 좌하리라 _창 13:8-9

"우리는 서로 다투지 말자. 그러니 네가 좋은 것을 택하여 떠나가라"는 말입니다. 아브라함은 롯이 장성함에 따라 재물로 인하여 혈육이 불화해 가는 조짐을 보고 화평의 꿈을 그렸습니다. 이에 롯이 눈을 들어 요단 들을 바라보고, 풀이 많고 물이 많은 소돔과 고모라 쪽을 택하여 동편으로 떠나갔습니다(창 13:10-12). 그러나 그가 바라보고 좇아간 곳에는 유황불의 심판이 다가오고 있었습니다.

롯이 떠난 후, 아브라함이 홀로 남아 서 있는 곳에서는 아무것도 보이지 않았습니다. 풀도 보이지 않고 물도 보이지 않는 척박한 곳이었습니다. 마치 축구공에 맞아 앞이 안 보이던 강 박사처럼, 아브라함의 눈에는 풀도 안 보이고 물도 안 보였습니다. 보이는 것 없이 허탈과 외로움만 남아 있었지만, 동시에 물과 목초로 인한 다툼은 사라지고 화평이 남아 있었습니다.

화평하게 하는 자는 복이 있나니 그들이 하나님의 아들이라 일컬음을 받을 것임이요 _마 5:9

화평의 꿈을 좇은 아브라함에게 하나님의 자녀에게 내리는 복이 다가왔습니다. 아무것도 없는 허허벌판에 서 있는 아브라함에게 하나님의 음성이 들려왔습니다.

14롯이 아브람을 떠난 후에 여호와께서 아브람에게 이르시되 너는 눈을 들어 너 있는 곳에서 북쪽과 남쪽 그리고 동쪽과 서쪽을 바라보라 15보이는 땅을 내가 너와 네 자손에게 주리니 영원히 이르리라

_창 13:14-15

아브라함은 자신에게 필요한 풀과 물을 버리더라도 조카 롯과

의 화평을 우선하였습니다. 자기 유익을 구하지 않고 화평의 꿈을 바라보았습니다. 그 꿈속에서 "보이는 땅을 네게 주리라"는 하나님의 음성이 들려온 것입니다. 히브리서 11장 1절의 "믿음은 바라는 것들의 실상이요"라는 말씀이 이루어진 것입니다.

화평을 도모하며 하나님의 아들이라 일컬음은 받은 자에게 아버지가 땅을 주십니다. 반면에 물질을 보고 자기 욕심을 좇은 롯에게는 유황불의 재난이 다가왔습니다. 하나님이 없는 자에게는 물질의 부(富)가 수치와 멸망을 가져다줄 뿐입니다.

이 세상의 분쟁과 싸움은 모든 형태의 물질에서 시작됩니다. 물질과 재물 때문에 화목과 화평이 깨집니다. 물질과 재물의 넉넉함을 꿈꾸면 썩어 냄새날 재물이 마당에 쌓일 것이고, 화평의 꿈을 꾸면 어떤 환경에서도 화평이 문 앞에 다가올 것이며, 신령한 것을 꿈꾸면 신령한 것이, 추하고 더러운 것을 꿈꾸면 추하고 더러운 것이 문전에 쌓일 것입니다.

땅 위에 짓는 집의 설계도는 자(尺)와 컴퍼스(Compass)로 그리지만, 하늘나라 집의 설계는 예수 그리스도를 믿는 믿음으로 꿈을 통해 그려야 합니다. 예수를 믿는 우리는, 모두 십자가에서 피 흘리고 대속의 고난을 당하신 그리스도 예수에 대한 믿음으로 인생의 꿈을 그리기를 바랍니다.

- 델리오 한인장로교회 주일 설교(2001. 8. 26)

# 저 높은 곳을 향하여

베드로전서 3:21

이스라엘 민족이 홍해를 건너 광야를 지나 요단 강을 밟고 젖과 꿀이 흐르는 약속의 땅 가나안에 들어간 출애굽 사건은 위대한 구원의 유형적 모델이라고 할 수 있습니다. 그것은 첫째로 낮고 낮은 노예의 자리에 처해 있던 이스라엘 백성이 고고한 하나님의 백성의 자리를 다시 찾아가는 길이었고, 둘째로는 무산(無産)의 나그네 자리에서 젖과 꿀이 흐르는 부요한 본향을 찾아가는 길이었습니다. 노예 된 죽음의 자리에서 자유와 생명의 자리를 찾아가는 길이었고, 불모의 황무지에서 풍요한 복지를 찾아가는 길이었습니다.

사도 바울은 이스라엘 백성이 노예 된 애굽에서 약속의 땅 가나안을 향하여 방향을 바꾸어 홍해를 건넌 사건을 세례라고 말합니다(고전 10:1-4). 세례 요한이 광야에서 회개를 외치고 요단 강에서 세례를 베풀 때에, 인자로 오신 예수님도 일반 사람과 마찬가지로 요단 강에서 세례를 받으셨습니다. 예수님은 이 요한의 세례를 받고 강에서 뭍으로 올라오신 뒤 사탄의 시험을 받으셨습니다. 그 시험에서 사탄을 이긴 다음 "회개하라"고 외치며, 주께로 돌아오는 자들에게 세례를 베푸셨습니다. 그러므로 세례는 세상에서 천국 영생의 세계로, 불신의 세계에서 믿음의 세계로 방향을 전환한 회개의 첫걸음이라고 할 수 있습니다. 사도 바울은 이것을 회개의 세례라고 하였습니다(행 13:24). 곧 물과 성령으로 세례를 주실 예수님께 돌아오는 첫 단계임을 의미합니다.

세례는 영적인 차원에서 해석해야 하므로, 오늘날의 세례가 침례든지 머리에 물을 뿌리든지, 그 형식을 문제 삼을 바는 아닐 것이나, 예수님이 요단 강에서 세례를 받으신 모습에서는 본문과 관련하여 귀중한 한 가지 영적인 의미를 발견할 수 있습니다. 옛 자아가 물속에 침몰되었다가 수면 위로 부상하여 뭍으로 올라오는 것은, 죽음의 낮은 곳에서 생명의 높은 고지로 올라가는 것입니다. 마치 자질구레한 평지의 쓰레기 집적소에서 상쾌하고 청정한 산의 정상으로 올라가는 것과 같습니다. 하지만 그 올라가는 길이 힘들고 고통스럽다는 것입니다.

예수님은 물(水)에서 세례를 받으시고 뭍(陸)으로 올라오신 후 사탄의 시험을 물리치신 다음, 비로소 말씀을 선포하는 높고 높은 메시아의 자리에 오르셨습니다. 고로 회개란 단순히 가던 길에서 돌이켜 수평적으로 방향을 전환하여 되돌아오는 것처럼 수월하고 안이한 것이 아님을 깨달아야 합니다.

한자로 '뉘우치고 깨달아 고친다'라는 뜻으로 풀이되는 한국말의 회개(悔改)는 헬라어 'μετάνοια'(메타노이아)라는 단어로, 영어로는 'repent'로 번역되어 있습니다. 일반적으로 회개는 가던 방향을 정반대로 돌이켜 되돌아온다는 뜻으로, 어둠을 향해 가던 것을 광명을 향하여, 죄의 길에서 의의 길로, 사망의 길에서 생명의 길로 방향을 전환하는 것으로 이해됩니다. 회개가 이러한 것이면 참으로 수월하고 편리할 것입니다. 그러나 회개란 단순히 수평적인 방향 전환이 아닙니다.

우리는 일상생활에서 회개라는 말을 자주 듣습니다. 회개의 기도도 많이 합니다. 일반적으로 신앙의 초보에 있는 사람들은 기복적인 기도를 많이 하고, 어느 정도 수준에 있는 교인들은 회개의 기도를, 그리고 성숙한 그리스도인들은 중보기도를 많이 합니다. 중보기도는 유일한 구원자이신 예수님만이 드릴 수 있는 기도이지만(딤전 2:5), 우리도 예수님이 우리에게 주신 새 계명(요 13:34)에 따라 사랑의 정신으로 중보적인 기도를 드릴 수 있습니다. 주님이 "너희는 서로 사랑하라"고 말씀하신 그 사랑의 바탕이 다름 아닌 희생이요, 사랑의 계명의 근본정신이기 때문입니다.

중보기도를 드리신 예수님이 회개할 것이 없는 분이었던 것을 생각하면, 죄 가운데서 구원받은 불완전한 우리는 '회개의 기도 없이 중보의 기도를 드릴 수 없다'는 부끄러움이 있다는 것을 깨닫게 됩니다. 따라서 중보기도에 앞서 회개의 기도를 진실하게 드려야 합니다. 그리하여 회개에 합당한 열매로 인하여 하나님께 감사할 수 있는 수준에까지 도달해야 합니다. 세례 요한이 외친 '회개에 합당한 열매'는 바로 이것을 뜻합니다(마 3:8-9).

우리는 새벽기도회에서나 자기 골방에 앉았을 때 이렇게 기도해야 합니다. "하나님, 부족한 제가 알게 모르게 지은 죄와 허물이 있어서 이 시간 자백합니다. 죄를 자백하면 모든 죄를 용서하시고 모든 불의를 깨끗케 하여 주신다는 약속의 말씀을 믿고 죄를 자백하오니, 이 자백을 들으시고 십자가의 보혈로 속량하시고, 사유하심의 은총을 베풀어 주시옵소서. 믿사옵고 예수님의 이름으로 죄를 자백하며 회개의 기도를 드립니다. 아멘."

이 기도를 통하여 죄 사함의 확신을 갖는 것은 더할 수 없는 은총이나, 그 기도대로 진정한 회개를 하였는가가 문제입니다. 입으로는 회개를 외치나, 생활 가운데서는 회개가 실천되지 않지 않는 때가 많아, 하나님을 만홀히 여기는 죄를 다시 짓게 될 여지가 있기 때문입니다. 회개는 평지에서의 단순한 방향 전환과 같지 아니하고, 수월한 것이 아니라 평지에서 높은 산의 정상에 올라가는 것과 같이 힘들고 고통스러우며, 자기부인이 따르기 때문입니다.

베드로전서 3장 21절은 "곧 세례라 이는 육체의 더러운 것을 제하여 버림이 아니요 하나님을 향한 선한 양심의 간구니라"고 하였습니다. 선한 양심이란 무엇입니까? 선한 양심은 영혼을 사모하는 영적인 심성의 종합지수입니다. 세상의 길을 따라 살던 사람이 모든 것을 버리고 돌이켜 방향을 바꾸어 진리와 생명이신 지극히 높으신 하나님을 향하여 찾아가는 마음이며, 이 길은 결코 순탄하고 편안한 길만은 아닙니다.

우리가 세상 길로 가다가 천국을 바라보고 가는 방향을 돌이켰다면, 돌이킨 바로 그 지점부터 하나님을 향한 상위의 언덕을 올라가는 길이 시작됩니다. 성령의 도우심과 인도가 불가결한 길입니다. 영어의 'repent'로 번역된 헬라어 'μετάνοια'(메타노이아)의 어원적 의미를 따져 보면 'return to the highest'로, 정상을 향하여 돌이켜 고개와 비탈길을 올라간다는 뜻입니다. 땀을 흘려야 하고 고통을 참아야 하며, 생명의 위험과 자기부인도 감수해야 합니다. 따라서 회개한 그리스도인이 높고 높은, 저 높은 곳의 하나님(지고한 진리와 의와 거룩)을 향하여 찾아갈수록 높아지고 세상은 낮아지며, 구별된 하나님의 자녀가 되는 것입니다.

우리는 저 높은 곳, 만국이 내려다보이고 청정하며 아름다운 그곳을 향해 '저 높은 곳을 향하여' 찬송을 부르면서, 하나님을 사모하는 마음을 따라, 거기 계신 하나님을 찾아가야 할 것입니다.

- 2002년 9월 15일 주일설교, 델리오 한인장로교회

# 환난 날의 기도

시편 46:1-3, 50:15

지금은 그 어느 때보다 더 열심히 기도해야 할 때입니다. 여기 모인 우리 개개인의 가정이 그렇고, 우리 교회의 형편이 그렇습니다. 더 나아가서는 적지 않게 세속화한 한국의 교계가 그렇고, 우리 조국의 현실이 또한 그러하며, 지금 우리가 살고 있는 미국땅의 형편이 또한 그렇습니다. 시대가 악하면 악할수록, 우리는 더 기도에 힘을 쓰고 열심을 내야 할 것입니다.

나는 매일 이른 새벽에 집을 나와 거리에 서면, 그 헤아릴 수 없는 천혜의 고요와 청정함에, 한없는 감사를 하나님께 드립니다. 요즈음 시내 일원의 새벽 거리를 달리는 차량은, 아마도 대개가 한인들의 차량인 듯싶습니다. 더러는 일찍 가게에 나가는 사람도 있을 터이나, 그중에는 대부분이 새벽기도회에 나가는 사람들로

짐작됩니다. 꿀 같은 새벽잠을 버리고 새벽을 깨운 사람들은 복된 사람임에 틀림이 없습니다. 빨간 신호등 앞에서 차를 멈추고 기다리고 있노라면, 성경 찬송을 옆에 낀 사람들이 차 앞을 지나갑니다. "오! 꿀 같은 잠을 버리고 새벽을 깨운 저들에게 하나님의 복이 있으리로다." 나는 멈춰 있는 내 차 앞을 지나가는 그들을 늘 축복합니다.

기도는 영적인 노력이기 때문에 힘듭니다. 열 마디 말하는 것보다 열 마디 기도하는 것이 더 힘들고, 10분간 길을 걷는 것보다 10분간 기도하는 것이 더 힘이 듭니다. 10킬로그램의 쌀 한 포대를 지는 것보다 10분간 무릎 꿇는 기도가 더 힘듭니다. 기도는 육체적인 짐이 아니라 영적인 짐이기 때문입니다.

이전에 제가 담임했던 교회의 '성도의 생활 지침' 가운데 하나가 "기도는 영혼의 호흡이다. 쉬지 말고 기도하라!"였습니다. 우리가 음식을 먹으면 소화 작용과 혈관의 운동으로 신진대사를 이루어 삶의 에너지를 얻습니다. 이와 마찬가지로 영의 양식인 하나님의 말씀을 듣고 기도할 때 영혼이 호흡하여 영적인 생명의 신진대사를 이룹니다. 즉, 말씀을 듣고 기도할 때 은혜를 발견하고, 죄와 허물을 자백하게 되며 새로운 생명력을 얻습니다. 고로 기도는 더 말할 필요 없이 믿는 성도들에게 중요한, 사는 능력의 근원이 됩니다.

기도가 힘든 것이기 때문에, 성도들은 예수를 믿는다고 하면서

　　　　　　　　　　　1부 | 델리오에서 전한 말씀

도 기도하기를 싫어하고 게을리합니다. 도무지 기도하지 않는 교인들도 많이 있습니다. 10분간 성경을 읽은 다음에는 적어도 2-3분은 기도하고 나서 성경책을 덮어야 할 텐데, 기도를 하지 않고 성경책을 덮습니다. 기도가 있어야 양식으로 섭취한 하나님의 말씀이 나의 생명력으로 나타날 것인데, 기도를 소홀히 합니다. 말씀을 읽어도 기도가 없으면 지식의 축적에 그치고 말 것이며, 기형적인 교인이 될 수도 있습니다. 종교인이 되고 바리새인이 되는 것입니다. 그러므로 성경은 가르칩니다.

쉬지 말고 기도하라 _살전 5:17

기도란 하나님과 나와의 종합적인 대화입니다. 즉, 우리는 기도를 통해서 소원을 간구하고 죄를 자백하며, 은혜와 감사를 고백하고 찬양을 드릴 수 있습니다. 그래서 기도에 힘쓰지 아니하고 핑계하며 게을리하는 성도들을 향하여, 주님은 약속까지 제시하시면서 기도에 힘쓸 것을 권면하십니다.

7구하라 그리하면 너희에게 주실 것이요 찾으라 그리하면 찾아낼 것이요 문을 두드리라 그리하면 너희에게 열릴 것이니 8구하는 이마다 받을 것이요 찾는 이는 찾아낼 것이요 두드리는 이에게는 열릴 것이니라 _마 7:7-8

사도 요한은 요한일서 5장 15절에서 하나님께 구한 것은 이미 받은 줄로 알라고까지 하면서, 구하는 자에게 하나님의 신실하심을 증거하고 있습니다. 우리들은 얼마나 기도하고 있으며, 어떤 내용의 기도를 드리고 있습니까?

예수님이 이 땅에 계시는 동안 기도하시던 모습이 복음서에 기록되어 있습니다. 예수님은 정한 시간, 정한 장소에서 기도하셨습니다. 남들은 다 곤히 잠자는 이른 새벽에, 겟세마네 동산에서 기도하셨습니다. 그러므로 그분의 제자들은 그 시간에 예수님이 어디에서 무엇을 하고 계시는지를 알고 있었습니다. 예수님은 기도하시면서, 아직 세상 사람들에 의하여 오염되지 아니한 하루의 첫머리 시간을 드렸습니다. 기도하신 장소는 겟세마네 동산, 곧 예수님이 못 박히고 피 흘리신 곳입니다. 그곳은 피 흘리신 주님의 이름을 둔 곳, 곧 오늘날의 교회를 상징합니다.

그러므로 기도는 이처럼 정한 시간에, 정한 장소에서 하는 것이 합당합니다. 그럴 만한 특별한 사정과 이유 없이, 교회가 아닌 다른 장소에서 드리는 기도는 하나님께서 듣기가 매우 불편하실 것입니다. 내 몸이 건강하고 내 고장을 떠나 있지 않는 한, 기도는 정한 시간과 정한 곳, 즉 자기 교회에서 드리는 것이 합당합니다. 우리가 하나님께 구하는 것이 그렇게도 많으면서, 기도를 하지 않고 무엇을 받기를 기대한다는 말입니까?

다음으로, 주님께서는 어떠한 기도를 드렸는가를 살펴보기로

합니다. 주님이 가장 많이 하신 기도는 예수님 자신을 위한 기도가 아니라, 다른 사람과 세상을 위한 기도였습니다. 다른 사람들을 위한 기도는 하나님의 뜻을 이루어 영광을 나타내기 위한 기도였습니다. 우리들의 기도와 전혀 다른 내용의 기도였습니다.

예수님은 이처럼 모든 기도를 다른 사람과 세상을 위하여 드렸으나, 딱 한 번은 예수님 자신을 위한 기도를 하셨습니다. 예수님이 겟세마네 동산에서 붙잡히시기 직전에 드린 기도, 십자가 위에서의 죽음을 눈앞에 두고 드리신 기도입니다.

39… 내 아버지여 만일 할 만하시거든 이 잔을 내게서 지나가게 하옵소서 그러나 나의 원대로 마시옵고 아버지의 원대로 하옵소서 하시고 42다시 두 번째 나아가 기도하여 이르시되 내 아버지여 만일 내가 마시지 않고는 이 잔이 내게서 지나갈 수 없거든 아버지의 원대로 되기를 원하나이다 하시고 _마 26:39, 42

예수님은 이 기도를 두 번 드렸습니다. 이 기도는 무슨 뜻이며 무슨 내용입니까? 그것은 바로 예수님 자신의 정욕을 위한 기도였습니다. 정욕 하면 우리는 먼저 부도덕한 육신의 감각적 욕망을 연상합니다. 그러나 정욕이라는 것은 육신의 일 전반을 말합니다. 하나님의 뜻과 다른, 인간의 뜻을 따르는 기도가 곧 정욕을 위한 기도입니다.

예수님은 죄가 없는 신성을 가지셨지만, 또 우리와 똑같은 인간이셨기에 고통스러운 죽음을 원하지 않으셨습니다. 십자가에 달려 죽는 고통을 당하는 것을 원하시 않으신 것입니다. 하나님이 예정하신 뜻은 예수의 죽음을 통하여 부활을 보이시고, 세상을 구원하여 하나님의 영광을 나타내려는 것입니다. 예수님은 이것과는 관계없이 “아버지여, 이 잔을 내게서 물리쳐 주옵소서”라고, 자신의 뜻을 따른 정욕을 위한 기도를 하였습니다.

그러나 하나님의 아들 예수는 숨 돌이킬 겨를도 없이 “그러나 나의 원대로 마시옵고 아버지의 원대로 하옵소서”라고, 하나님의 뜻을 따라 기도를 고쳐 드렸습니다. 이 기도 속에 무슨 뜻이 담겨 있습니까? 이 예수님의 기도에는 비장한 자기부인의 뜻이 담겨 있습니다. “나는 고통스러운 죽음을 원하지 않으나 아버지의 뜻을 이루기 위하여 순종하겠습니다. 내가 죽겠습니다. 그러니 그 고통스러운 죽음을 감당할 수 있게 하여 주시옵소서. 아버지의 뜻을 이루시고 영광을 받으시옵소서.”

그 기도는 결국 죽음을 이길 수 있는 능력을 구하는 기도였습니다. “죽음을 면케 하여 주옵소서. 십자가를 물리쳐 주옵소서,” 이런 기도가 아니었습니다. 하나님은 이 기도를 들어주시고, 그를 다시 살리시고 영광을 나타내셨습니다. 이렇게 응답 받은 기도는 땀방울이 핏방울이 되는 기도였습니다.

우리들은 그동안 어떻게 기도를 드렸으며, 어떠한 응답을 받았습니까? 그리스도인들이 무엇인가 소원하는 것을 얻지 못함은 구하지 않은 까닭이요, 구하여도 받지 못함은 정욕으로 쓰려고 구했기 때문이라고 성경은 말합니다(약 4:2-3).

그리스도인들이 드리는 대부분의 기도가 "무엇을 좀 주십시오"입니다. 사업, 건강, 성취, 명예, 승진 등, 모두 자기의 세상적인 뜻과 욕망이 이루어지기를 빕니다. 아니면 무슨 재앙이나 문제가 다가오지 않게 하여 달라고 합니다. 자기의 뜻을 위한 정욕적인 기도를 드립니다.

노아는 하나님께서 홍수로 세상을 심판하겠다고 예정의 뜻을 계시하셨을 때 "하나님이여, 홍수가 내리지 않게 하여 주소서"라고 기도하지 않았습니다. 정욕적인 기도를 하지 않고, 오히려 하나님의 뜻을 따라 장구한 세월에 걸쳐 방주를 준비하였습니다. 방주가 잘 완성되도록 기도하며 방주를 지었습니다.

세상이 존재하는 한, 이 세상에는 악과 사탄이 존재합니다. 이 악과 사탄은 하나님의 뜻을 방해하고, '나'라는 존재를 통하여 자신의 뜻을 이루려 합니다. 이것이 우리에게 정욕으로 나타나는 것입니다.

죄 중에 잉태하고 죄인으로 태어났기에, 모든 인간에게는 자기의 뜻을 나타내려는 정욕이 있습니다. 나 자신의 정욕이 없을 수 없습니다. 그러나 예수를 영접하고 그리스도인이 된 사람들은 먼저 그의 나라와 그의 의를 구함으로 주 예수 안에서 나의 뜻을 구할 수 있고, 또 이룰 수 있게 됩니다. 이러한 자기의 뜻은 정욕이 아니며, 하나님의 영광을 드러내는 구별된 소원이 됩니다.

세상에서 우리 그리스도인늘은 개인적인 종말이나 우주적인 종말이 오기까지 나의 뜻과 하나님의 뜻 사이에서 기도를 통해 선악의 투쟁을 계속합니다. 세상의 종말은 선과 악과의 싸움의 와중에서 다가옵니다. 하나님을 믿는다고 해서 재앙과 환난을 당하지 않고, 편안히 누워서 종말을 맞는 것이 아닙니다. 요한계시록 7장 14절을 보면 흰옷을 입은 자들, 어린양의 피로 씻긴 자들, 곧 구원을 얻은 자들이 환난 가운데 나온다고 기록돼 있습니다. 구원받은 자들이 환난을 만나, 그 환난 가운데서 참고 이기고 나온다는 말입니다.

우리가 드리는 기도의 최종 수준은 환난 가운데 있을 때를 위한 기도를 연습하고 준비하는 것이어야 합니다. 예수님이 다가온 죽음을 피하기 위해 기도하신 것이 아니라, 죽음에 맞서 죽음을 이기고 주님의 뜻을 이루기 위한 기도를 드리셨듯이, 우리도 환난 가운데 드리는 기도를 준비해야 합니다. 구원의 확신이 강하면 강할수록 이러한 기도를 드릴 수 있습니다. 반대로 구원의 확신이 약할수록 정욕적인 기도, 즉 자신을 위한 기도밖에는 드리지 못합니다.

2001년 9월 11일 UAL 93편에 탑승하여, 비행기 납치 테러범과 격투를 벌여 희생을 최소한으로 줄이게 한 믿음의 사람 토드

비머와 그의 부인 리사 비머는 종말적인 신앙을 잘 보여 줍니다.

CNN의 〈래리 킹 라이브〉(Lary King Live) 프로그램에서 진행자가 토드의 부인 리사 비머에게 물었습니다. "납치된 비행기 안에서 마지막으로 기도하고 용감한 행동에 들어간 남편에 대해 부인은 얼마나 애석하게 생각하십니까?"

부인이 대답했습니다.

"애통하기는 한이 없습니다. 그러나 남편은 평소에 구원의 확신이 있는 신앙인이었습니다. 그는 더 많은 사람을 구하는, 하나님의 도구로 쓰인 것입니다. 그가 평소에 하나님의 뜻에 따라 순종하기를 힘썼고, 스스로 부족하다고 늘 기도하며 천국을 향해 가던 사람이었던 것이 다행스러운 일입니다."

종말적인 신앙인의 모습입니다. 종말적인 신앙은 '주님의 뜻을 위하여 지금 이대로 죽어도 좋다'라는 고백 그 자체입니다. 이 고백 속에는 "주여, 어서 오시옵소서"라는 미래어가 담겨 있습니다. 천국에서의 영생을 기다리는 신앙입니다.

우리 모두가 이 어지럽고 험하고 악하기 짝이 없는 어두운 세상에서 환난 날의 기도를 연습하여, 승리하는 그리스도인이 되기를 기원합니다.

- 2001년 10월 14일 주일 설교, 델리오 한인장로교회

# 나그네와 순례자의 인생

히브리서 11:12-16

히브리서 11장은 '믿음장'이라고 합니다. 믿음의 뜻과 믿음의 힘, 믿음으로 사는 길과 믿는 사람의 어떠함을 기록하고 있습니다. 히브리서 11장은 첫머리에 "믿음은 바라는 것들의 실상이요 보이지 않는 것들의 증거니"라고 믿음을 정의하고, 11장의 마지막에 가서는 이러한 믿음을 가진 사람들은 세상이 감당하지 못한다고 결론을 맺고 있습니다.

첫째, 믿음은 바라는 것들의 실상이라고 하였는데, 그 바라는 것은 현재에 있는 것을 말하지 않습니다. 미래에 있기를 바라는 것을 현재에 있는 것처럼 믿고 바라고 산다는 뜻입니다.

그러므로 믿음으로 산다는 것은 과거에 부자로 살고 권세와 명예를 누리던 회상에 묻혀 사는 것이 아니며, 과거에 못살고 멸시

당하고 핍박받던 회한(悔恨)에 싸여 사는 것도 아니고, 과거에 치욕스러운 죄와 부끄러운 삶을 살았대서 그것을 한탄하며 그것에 얽매여 사는 것이 아닙니다.

또한 현재에 산다는 것도 아닙니다. 오늘의 나의 부와 명예와 지위, 권세에 만족하며, '내 영혼아 먹을 것이 많도다. 여기가 좋으니 여기서 천년만년 살자' 하고서, 현재에 머물러 사는 것도 아닙니다. 오늘을 사는 믿음의 삶은 미래의 보다 나은 것을 바라보고, 미래 지향적으로 오늘을 살아가는 것입니다.

여러분은 지금 과거에 살고 있습니까, 현재에 살고 있습니까? 아니면 미래에 살고 있습니까?

둘째, 믿음은 보이지 않는 것들의 증거라고 했습니다. 안 보이는 것을 보이는 것처럼 여기며 산다는 것입니다. 믿음이 증거요 마음속에 있는 것입니다. 따라서 그리스도인은 안 보이는 진실을 보이는 물질보다 소중히 여깁니다. 부피도 없는 사랑을 소유보다 귀중히 여깁니다. 피부에 와닿는 감각보다 깊은 의미를 더 소중히 여깁니다.

이렇게 그리스도인들은 현재에 없는 것을 있는 것처럼 여기며, 안 보이는 것을 보이는 것처럼 증거로 삼고 사니, 참으로 이상한 사람들입니다. 그러나 이렇게 이상하게 보일지라도, 믿는다고 하는 사람이 안 믿는 사람과 똑같이 이상한 점이 없다면, 그는 이미 믿는 사람이 아닙니다.

믿는 사람들에게는 귀에는 안 들려도 심장에는 들리고, 손에는 잡히지 않으나 영혼에는 잡히고, 눈에는 보이지 않으나 심령에는 보이는 것이 있습니다. 세상 사람들이 귀히 여기는 것을 그리스도인들은 귀히 여기지 않습니다. 세상 사람들이 좋아하는 것을 그리스도인들은 좋아하지 않습니다. 세상 사람들이 두려워하는 것을 그리스도인들은 두려워하지 않습니다.

이와 반대로, 세상 사람들이 귀히 여기지 않는 것을 그리스도인은 귀히 여깁니다. 세상 사람들이 좋아하지 않는 것을 그리스도인들은 좋아합니다. 세상 사람들이 두려워하지 않는 것을 그리스도인들은 두려워합니다. 이것을 우리는 구별되었다라고 말합니다. 바라는 것들의 실상과 보이지 않는 것들의 증거란, 이처럼 구원의 확신이 있는 사람들로부터 구별되는 것입니다.

'하나님을 믿으니 또 나를 믿으라' 하신 예수님의 이상한 점을 몇 가지 살펴보십시다.

예수님은 수가 성 우물가에서 사마리아 이방 여인에게 마실 물을 요청하면서도 영원히 목마르지 않는 물을 주겠다고 하신, 행로에 피곤한 나그네셨습니다(요 4:6-26). 오병이어로 5천여 명을 먹이셨으면서도, 시장하여 무화과 나뭇잎을 찾아간 길손이었습니다(마 21:18). 세상의 모든 것이 내 것이라고 하셨으면서도, 여우도 굴이 있고 공중의 나는 새도 깃들일 곳이 있으나, 인자는 머리 둘 곳이 없다고 하셨습니다(마 8:20). 물 위를 걸으시고 죽은 자를 살리는 권세와 능력을 가지셨으면서도, 결국은 잡혀 십자가에 못 박혀 죽었다가 다시 살아나셨습니다. 다시 살아나실 바에야 애당초 그런 죽음을 당하지 말았어야지, 어찌 죽었다가 세상을 떠들썩하게 하고 다시 살아나셨단 말입니까? 모두가 이상합니다. 성경은 이렇게 예수님처럼 이상하게 사는 사람들을 '믿음을 따라 죽었으며 … 이방인(외국인)이요 나그네'라고 부릅니다(히 11:13).

믿음의 조상 아브라함은 본토를 떠나 평생을 전쟁과 기근에 쫓기며 나그네로 살았습니다. 하나님은 왜 본토에서 편안하게 살고 있는 아브라함에게 떠나라고 명령하시고 평생을 나그네로 살게 하셨을까 궁금합니다.

본토에서 사는 것은 편안하고 안일하고 좋은 일입니다. 그러나 본토에서 편안하게 살면 주님(하나님)을 잃어버리고 이웃을 모르게 됩니다. 영원히 살게 될 보다 나은 본향을 바라지 않으며, 찾지 않게 됩니다. 땅은 하나님의 것인데, 그 땅 위에서 살다가 언젠가는 조만간 떠나야 할 사람들이 그 땅의 주인이 되려고 하기 때문입니다.

셋방살이를 오래 하면 셋방살이가 주인이 되기 쉽고, 남의 옷을 오래 빌려 입으면 그 옷이 자기 옷인 줄로 착각하게 됩니다. 졸병이 지프(Jeep) 차의 앞자리에 오래 타고 다니면 자기가 상관이 된 듯 착각하게 됩니다.

인생은 이 땅에 잠깐 보내진 나그네이므로, 자기가 나그네인 줄 알고 살다가 떠날 채비를 하면 좋을 텐데, 나그네인 줄 모르고 거기서 살다가 본향을 잃어버리기 쉽습니다. 그가 가야 할 바를 잃게 된다는 깃입니다. 이것은 비극이요 불행입니다.

그러므로 믿음으로 미래의 것을 바라고 사는 나그네들은, 그 나그네 인생길에서 궁궐 같은 집을 짓지 않습니다. 터줏대감이 되기 위하여 성(城)을 쌓을 것이 아니라, 나그네로 우거(寓居)하기에 적합한 장막(客舍), 마지막 날에 갈 곳을 바라고 떠나는 날을 예비하는 처소을 짓고 나그네 인생을 살아야 합니다.

성막은 이스라엘 백성들이 하나님께서 약속하신 가나안 복지에 들어가기까지, 하나님이 잠시 그들과 함께하시기 위하여 지은 장막이었습니다. 그러므로 그리스도인에게 성공의 여부(與否)는 그가 살아가는 나그넷길에서 재산을 얼마나 모았느냐, 권세를 얼마나 쥐었느냐, 명성을 얼마나 얻었느냐, 쾌락과 안일을 얼마나 즐기고 누렸느냐에 있는 것이 아니라, 그리스도를 얼마나 발견하고 만나고 닮고 동행했으며, 그 뜻을 위하여 고난을 자신의 육체에 채웠느냐 하는 데 있습니다.

내가 비록 재물의 부(富)는 이루지 못했다 할지라도, 질병으로 고통을 겪었을지라도, 사업에서 실패의 고배를 마셨을지라도, 멸시와 천대와 핍박을 받았다 할지라도, 그 실패와 질병, 멸시, 가난, 핍박의 나그넷길을 통하여 그리스도를 발견하고 만나고 닮아가고, 주님의 뜻을 따라 나에게 남겨진 십자가를 지고 내 몸에 채우

순례자처럼 사역했던 델리오에서, 기찻길에 선 주진경 목사.

며 그리스도의 흔적을 남긴다면, 그 이상의 신령한 성공과 복이 어디 있겠습니까?

예수님은 그 본 처소(本處所), 곧 하늘 보좌를 떠나 이 땅에 나그네로 오셔서 33년간의 이상한 나그네 인생을 사셨습니다. 세상 사람들로서는 이해 못 할 이상한 나그네 인생, 곧 자기는 죽어가면서 세상의 죄인된 불쌍한 사람들을 구원하기 위한 사랑을 실천하는 삶이었습니다. 억울하게 십자가에 못 박혀 죽으시면서도 '너희는 서로 사랑하라'(요 13:34) 가르치셨습니다. 그 사랑의 실천 방편이 '지상명령'이라고 부르는 전도요 선교입니다(마 28:18-20).

천국행 길에서 나그네 인생을 살면서 사랑을 실천하라는 것이었습니다.

우리가 지금 곧 사랑해야 할 이유는, 곧 떠날 것이기 때문입니다. 우리가 지금 사랑해야 할 이유는, 떠날 때가 언제일지 알 수 없는 까닭입니다. 우리가 구제해야 할 이유는 내가 가진 모든 것이 내 것이 아닌 때문이요, 조만간 없어질 것이기 때문입니다. 사랑하는 것이 떠날 채비입니다.

사랑과 구제와 용서는 모두 힘들고 어렵고 하기도 싫은 것들입니다. 사랑은 그 자체가 희생이요, 고통이기 때문에 힘듭니다. 구제는 세상에서 내 물질을 내주어야 하기 때문에 어렵습니다. 용서는 내가 죽어야 하기 때문에 힘들고 어렵습니다. 주님은 이렇게 어렵고 힘든 이상한 것들을 가르치시기 위하여 이 땅에 나그네로 와서 그 본을 보이셨습니다.

본토에 편안히 살고 있던 아브라함은 하나님이 '네 본토를 떠나라' 하시니까, 어쩔 수 없이 울며 겨자 먹기 식으로 떠났을 것입니다. 이유도 모르고 정한 곳도 없이 본토를 떠나, 아내를 잃을 뻔하고, 아들처럼 기른 조카 롯과 헤어져야 했으며, 심지어는 100세에 얻은 아들 이삭을 번제로 드려야 하는 상황에 처하기도 했습니다. 이처럼 알 수 없는 이상한 길을 갔지만, 그는 믿음의 조상이요 복이 되었습니다.

아브라함은 자신이 가는 길을 몰랐으나, 하나님이 그 길을 인도

하셨습니다. 그 길은 오직 하나님이 아시는 길이고, 하나님이 우리를 이상한 나그네의 길에서 연단하십니다. 우리가 그리스도인이라면 그 길을 따라가야 합니다. 욥기 23장 10절에서 욥이 고백한 대로, 나는 모르나 오직 하나님께서 그 길을 아시고, 그 길에서 우리를 연단하시고 순금같이 나오게 하실 것입니다. 무엇을 연단하시는 것일까요? 그리스도인들이 살아가야 할 이상한 것들에 익숙해지도록 연단하시는 것입니다.

여러분의 나그네 인생길이 얼마나 남았다고 생각하십니까? 아무도 모를 것입니다. 그러므로 영원한 미래를 현재로 보는 지혜와 믿음이 있기를 바랍니다.

이제 우리는 곧 이곳을 떠나갑니다. 멀리서 왔다가 굳이 다시 떠나는 것은, 미래에 또 다른 바라는 것의 실상이 있고 보지 못하는 것의 증거가 있기 때문입니다. 사색의 계절 가을, 고독의 계절인 이 가을에, 바라는 것과 보지 못하는 것들을 제대로 찾아 따라가시기를 간절히 바랍니다.

- 2001년 11월 4일, 델리오 한인장로교회

# 예수를 만나자

요한복음 4:28-30

여러분께서 이미 주지하고 계시는 바와 같이, 저는 다음 주일 추수감사절 예배를 마지막으로 드리고 이곳을 떠납니다. 추수감사 주일에는 감사에 대한 말씀을 예정하고 있기 때문에, 오늘은 마지막으로 여러분께 한번 더 신앙적인 권면을 드리고자 합니다.

교회의 문을 드나드는 사람들 가운데에는 진정으로 예수를 만난 사람과, 교회를 다니고는 있지만 예수를 만나지 못하고, 그저 교회라는 장소를 드나들기만 하는 사람이 섞여 있습니다. 예수를 만난 사람의 삶은 신앙생활이요, 영생과 천국에 대한 확신과 소망이 있는 삶입니다. 그러나 예수를 만나지 못한 사람의 삶은 신앙 생활이 아니라 교회 생활이요 종교 생활입니다. 이것은 물론 구원의 확신과 영생, 천국에 대한 소망도 없는 삶입니다.

그런데 이상하게도 신앙생활이란 것이 구원과 영생과 천국에 대한 소망을 가졌으면서도, 그 생활은 힘들고 고통스럽습니다. 그와는 반대로, 구원의 확신이나 영생과 천국에 대한 소망과 확신 같은 것은 없으면서도 교회 생활이 즐거울 수는 있고, 어떠한 의미에서 종교 생활은 고상할 수도 있습니다. 그러나 이 문제는 힘들고 고통스럽다거나, 즐겁고 고상하다거나 하는 차원의 것이 아닙니다. 구원의 문제이기 때문에 중요합니다.

저는 오늘, 구원은 값없이 믿음으로 얻는다, 믿음은 들음에서 난다, 물과 성령으로 거듭나야 하늘나라에 갈 수 있다, 내가 그리스도와 함께 십자가에 못 박혔으니 그런즉 이제 내가 산 것이 아니요 내 안에 그리스도께서 사신 것이다 등등, 이처럼 교리적이고 딱딱한 말씀을 드리지는 않을 것입니다. 이제부터 드리는 짤막하고 평범한 이야기가 여러분의 귀와 마음의 문을 열고, 은혜가 되기를 바랍니다.

지난달, 저는 킬린(Kileen) 온누리교회의 요청이 있어서, 오랜만에 먼 걸음을 하여 3일간 말씀을 전하고 돌아왔습니다. 거기서 여든이 넘으신 권사님 댁에 머물게 되어 말씀을 나눌 기회가 있었습니다. 나이 드신 권사님은 모처럼 이야기를 들어 줄 상대를 만나서 그랬는지, 피곤을 모르고 밤늦도록 이런 이야기 저런 이야기를 많이 하셨습니다. 저는 듣는 편이었고, 권사님은 말씀을 하는 편이었습니다.

이야기는 출생으로부터 백발에 이르기까지 겪어 온 인생역정 (人生歷程)에 관한 소박한 내용이었습니다. 가난과 고난, 질병과 실패와 배신, 좌절과 고독, 그리고 생(生)의 온갖 굽이굽이에서 낭한 일들의 이야기였습니다. 그때마다 하나님이 어떻게 자기를 보호하시고 도우시고 인도하셨는지를 말해 주셨습니다. 그 이야기 중에 무슨 신나는 것이나 놀랄 만한 기적 같은 건 없었습니다. 10대의 세월을 지나 성년(成年)이 되었는가 싶었더니 20대의 주부가 되고, 30대에서 40대가 금세 지났습니다. 그렇게 나이 들어가는구나 했던 어느 날, 권사님이 거울을 들여다 보았더니 머리가 하얗게 변해 있더라는 것이었습니다.

그 권사님은 눈같이 흰머리에, 허리는 구부정하고, 얼굴엔 주름이 가득하고, 양 볼은 합죽했습니다. 기력이 쇠진하고, 거하는 처소도 수수하고, 눈이 흐리며 목소리도 가늘가늘하고, 모아 놓은 돈도 없는 것 같은데, 내일이 창창한 사람같이 어떤 영기(靈氣)가 있어 보였습니다. 내일에 대한 염려가 보이지 않았고, 죽음에 대한 두려움도 없는 것 같았습니다. 현재에 대한 탄식이 없고, 오늘에 대한 불만도 없었습니다. 이야기에 열중하는 할머니 권사님의 하얀 머리를 보는 순간, '이 백발이 영화의 면류관이구나' 하는 생각이 들었습니다.

백발은 영화의 면류관이라 공의로운 길에서 얻으리라 _잠 16:31

그가 예수를 만나고, 그 예수를 따라가다 보니 그 머리가 백발이 되었구나. 의의 길에서 얻은 저 흰머리는 하늘 가는 모자이자 영화의 면류관이로다! 의(義)의 길을 어렵게 설명할 필요가 없습니다. 예수를 따라가는 길이 의의 길입니다.

머리가 하얗게 된 그 권사님을 보면서, 그전에 만난 또 다른 분의 백발이 기억에서 되살아났습니다. 그는 과거의 회상에 잠겨 오늘을 탄식하고 있었습니다. "이렇게 살아서 무엇 하나? 어서 죽어야지. 죽는 게 낫다"라고 불평하면서도, "내일 죽으면 어찌나!" 하며 두려움과 염려에 싸여 있었습니다. "자식이 없는 것도 아니요 자식이 가난한 것도 아닌데, 나를 이렇게 양로원에 가두어 놓다니!" 하며 불만을 토로했습니다.

앞서 말씀드린 권사님은 자식이 없어도 같이할 수 있는 예수님이 늘 옆에 계셨는데, 이 고독한 노인에게는 그 곁에 있어 줄 이가 아무도 없었습니다. 머리는 똑같이 희지만, 이 할아버지의 흰머리는 세파에 씻기고 빛이 바랜 육신의 찌꺼기였습니다. 그가 쓴 모자를 쓰고서는 천국문을 지나갈 수 없습니다.

예수를 만나고 그와 동행해야 천국 가는 흰 모자를 쓸 수 있다면, 먼저 예수를 만나는 일이 중요합니다. 그러므로 예수를 만나는 일이 급선무요, 가장 중요한 일입니다.

예수, 메시아를 어떻게 만날 수 있습니까? 예수를 만나는 계기(契機)는 다양합니다. 어떤 사람은 누군가의 전도를 통하여 만나고, 어떤 사람은 지나가는 길 옆의 교회에서 부흥회를 하는 것을 보고 호기심에 들어가 보았다가, 또 어떤 사람은 좋은 친구로부터 감화를 받고, 더러는 책을 통하여, 혹은 성경을 읽다가 예수를 만나게 됩니다. 저는 오늘 복음서를 통하여, 예수님을 만난 두 사람의 이야기를 말씀드리고자 합니다.

요한복음 4장에는 유대인으로부터 개 취급을 당하는 이방 땅 수가 성에 사는, 한 사마리아 여인이 예수를 만나는 이야기가 기록되어 있습니다. 세상의 행복을 찾기 위하여 남편을 다섯 번 바꾼 여자입니다. 다섯 번이라고 하니, 아마도 정치하는 남자, 돈 많은 부자, 학자, 예술가, 기술자 등을 차례로 바꾸어 가며 남편으로 맞이하여 보았을 것입니다. 그러나, 여러 분야의 남자를 남편으로 맞이해 보았으나 그가 찾던 행복은 찾지 못하고, 이제는 소망이 없이 한 육체의 남자를 만나 살고 있었습니다. 행복을 추구하던 여자의 결국이 이렇다면, 정녕 세상 사람들의 손가락질을 당했을 것이며, 멸시와 조롱을 당했을 것입니다.

이러한 여자가, 사람을 피하여 인적이 끊긴 한낮 정오에 햇볕의 따가움을 무릅쓰고, 우물가에 물을 길으러 나왔다고 성경은 기록하고 있습니다. 그녀가 물동이를 이고 우물가에 왔을 때, 이미 예수님이 먼저 와 계셨습니다.

'예수'는 백성을 구한다는 뜻이요, 그는 메시아입니다. 그렇다면 백색의 준마(駿馬)를 타고 그를 호위하는 경호관도 대동하고 당당한 모습으로 나타났어야 할 것이지만, 예수님은 그러한 모습으로 오시지 아니했습니다. 메시아이신 예수님은 한낱 허름하고 지친 행객(行客)의 모습으로 우물가에 앉아 계셨습니다.

행로(行路)에 곤하여 우물가에 앉으신 예수님이 사람의 눈을 피해 물을 길으러 온 여인에게 물을 달라고 청하였습니다(요 4:7). 여기에 중요한 의미가 있습니다. 예수님과 사마리아 여인, 이 두 사람은 모두 물이 필요한 입장입니다. 그러나 그 의미는 다릅니다. 앞에 소개한 두 노인이 똑같이 흰 머리이지만, 예수를 만난 노인의 흰 머리와 예수를 만나지 않은 노인의 흰 머리는 그 희게 된 내용과 의미에서 완전히 다릅니다. 여기에 나온 두 사람, 예수님과 사마리아 여인도 물이 필요한 의미가 다릅니다.

사마리아 여인은 실제로 목이 갈하여 물이 필요했으나, 예수님은 사마리아 여인과 대화의 문을 열기 위해 물이 필요했습니다. 다시는 목마르지 않는 물을 주겠다는 말, 곧 구원의 복음을 전하시기 위해 물을 요청하신 것입니다.

사마리아 여인… 그렇게도 세상 행복을 구하며 남편을 바꾸고 또 바꾼 여인이, 자기에게 물을 달라고 요청하는 예수를 보았습니다. 행로에 지쳐 허름하고, 유대인으로서의 지조도 있어 보이지 않는 나그네에게서 예수를 발견하고, 메시아를 만나게 됩니다. 이 말씀 때문입니다.

"내가 영원히 목마르지 않는 물을 네게 주리라."

사마리아 여인은 이방인이로되 지혜 있는 여인이었고, 총명한 사람이었습니다. 허름한 나그네에게서, 그가 메시아임을 놓치지 않는 재치와 총명이 있었습니다.

여러분 중에 누가, 사마리아 여인처럼 세상의 행복 추구에서 거듭 좌절해 있을 때, 여러분의 동네에서, 바로 우리가 거하고 있는 이 델리오(Del Rio)에서 허름한 행색의 나그네를 본 적이 있습니까? 그 분이 여러분 중의 누구에게 영생의 물에 대한 이야기를 한 적은 없나요? 틀림없이 그러한 분이 있었을 것입니다. 그 분을 통하여 예수를 만나지 못하였다면, 그것은 매우 불행한 일입니다.

예수님은 이제 다시는 허름하고 행로에 지친 인간의 모습으로 우리들의 수가 성 물가로 찾아오지 않으십니다. 주님은 나같이 못

나고 부족한 종들을 택하여, 이들을 통해 여러 가지 허름하고 행로에 지쳐 곤한 모습으로 여러분의 우물가로 찾아오시는 것입니다. 이렇게 찾아오시는 예수님을 만나기 위하여, 여러분은 모름지기 겸손하시기를 바랍니다.

십자가에 못 박혀 죽으시고, 부활하여 승천하신 예수님은 다시 성육신하여 오시지 않습니다. 인간을 구원하시기 위하여, 이제는 그가 택한 종들을 보내십니다. 예수님이 직접 오시는 일은 우리가 알 수 없는 그날에 심판주로서 오실 때 일어납니다.

한 가지 더, 누가복음 19장에 나오는 세리 삭개오의 이야기를 말하고자 합니다. '삭개오'라는 이름의 뜻은 '순결하다'입니다. 그 부모가 순결하게 살라고 그 이름을 지어 주었을 것입니다. 그의 이름은 좋았으나, 그의 삶은 그러지 못했습니다. 왜정 시대에 우리나라에서 친일파가 그러했듯이, 로마제국의 식민지 통치를 받던 시대에 삭개오는 친로마파 세리였습니다. 그는 세리장이라는 직위와 신분으로 권력에 아부한 부자였으나, 이스라엘 동족으로부터는 민족 반역자요, 죄인이며 잃어버린 자라고 지탄받는 괴로움을 당해야 했습니다. 잃어버린 자란 잘못된 곳에 떨어진 자, 생명의 장소에서 사망의 장소로 추락한 자라는 뜻입니다. 그에게 권력과 재물은 많았으나, 마음은 편하지 않았습니다. 번민했습니다.

'왜 내가 죄인이란 말인가? 지금 내가 하는 이 세리 일을 누군가는 해야 하는 것 아닌가? 내가 남의 것을 훔치거나 약탈하거나 강

탈한 것도 아니요, 내 노력으로 버젓이 내 집에서 먹고 자며 살고 있는데, 어찌 내가 잃은 자요 잘못된 곳에 떨어진 자란 말인가?'

아무리 자기변명으로 정당화해 봐도, 세상 사람들이 자기를 정죄하는 것 이상으로 자기 양심이 자기를 고발했습니다. '이 문제를 어찌 해결한단 말인가?' 고뇌했습니다.

평소에 예수의 소문을 들어 오던 삭개오는 예수가 자기 고장인 여리고를 지나간다는 말을 들었습니다. 그는 예수를 만나기를 원했습니다. 그러나 사람들은 그가 부자요 권력가라 하여도 그를 알아주지 않았습니다. 키가 작은 그가 예수를 볼 수 있도록 자리를 양보해 주지도 않았습니다. 만약 그가 평소에 백성들의 존경을 받아 왔더라면, 백성들은 키가 작은 그를 위해 앞에 자리를 만들어 주어서라도 같이 보게 했을 것입니다. 그의 불의한 부와 권력에는 이처럼 예수를 만나는 데 방해가 되고 거치는 것이 많았습니다. 그가 예수를 만나는 데에는 어려움이 있었습니다.

키가 작은 삭개오는 에워싸는 무리에 가려 예수를 볼 수 없었습니다. 이에 그는 뽕나무에 올라갔습니다. 그것은 단순히 창피와 체면의 문제만이 아니었습니다. 혹시나 민중들에게 노출되어 돌을 맞을 위험도 있는 일이었습니다. 그러나 삭개오는 진정으로 예수를 만나기를 간절히 원했습니다. 그래서 모든 것을 무릅쓰고 뽕나무에 올라갔습니다. 그는 병이 난 것도 아니요, 물질이나 권력이 필요한 것도 아니었습니다. 다만 신령한 목적으로 예수님을 만나기 위해 위험을 무릅쓰고 뽕나무에 올라간 것입니다.

잠언 8장 17절을 보면 "나를 간절히 찾는 자가 나를 만날 것이니라"고 하였습니다. 예수님이 이러한 삭개오를 보고 말씀하셨습니다.

삭개오야 속히 내려오라 내가 오늘 네 집에 유하여야 하겠다 _눅 19:5

삭개오는 예수님을 자기 집에 모셔 앉히고, 마치 재판정에 앉은 죄수처럼 고백합니다.

"내 재물의 절반을 이웃에게 나누어 주고, 토색한 것에 대해서는 네 배로 갚겠습니다."

삭개오의 이 자백은 자기의 불의한 제물을 성경의 말씀대로 처리하겠다는 회개의 고백이었습니다(삼하 12:6). 예수님은 삭개오의 이 자백을 듣고 "오늘 구원이 이 집에 이르렀으니 이 사람도 아브라함의 자손임이로다"라고 구원을 선포하십니다. 예수님이 잃은 자를 찾아 만나 주시는 장면입니다.

이 장면은 우리가 왜 예수를 만나야 하는지를 깨닫게 해줍니다. 고뇌와 번민에 싸였던 삭개오가 수없이 많은 사람들을 만나기도 하고 또 만날 수도 있었겠지만, 구원을 선포하는 권세를 가진 자를 만나지는 못했습니다.

한국 영종도의 인천국제공항은 그 시설 규모가 여의도의 두 배가 넘는 170만 평이며, 관제탑은 104미터로 세계에서 두 번째로 높고, 콩코드기로는 서울에서 LA까지 3시간이요 뉴욕까지는 5시간이년 날아가게 할 수 있는 초대형의 공항 시설입니다. 그러나 이 엄청난 시설이 관제사의 지시에 따라 운영됩니다. 아직도 우리의 기억에 남아 있는 괌의 KAL기 참사 원인은 관제탑의 관제사에게 있었다고 들었습니다. 관제사의 역할이 얼마나 중요한지, 우리는 그 비극적인 사고를 통해서 새삼 실감하게 됩니다.

우주와 인류의 관제사는 예수 그리스도, 곧 절대 능력의 정확무오한 조정자이십니다. 그 예수님이 이제는 다시 인간의 모습으로 이 땅에 오시지 않으며, 행로에 곤한 나그네의 모습으로나, 여리고 성의 뽕나무 옆으로 지나가지도 않으십니다. 그러나 주님께서 세우신 종들을 델리오 국경 마을의 우물가 또는 뽕나무 옆으로 지나가게 하십니다.

여러분이 살고 있는 작은 마을에까지 찾아오신 하나님의 은총을 받으시기 바랍니다. 저로서는 이같은 권면을 드릴 기회가 더 이상 없습니다. 부디 성령님의 인도하심과 도우심이 여러분에게 임하시기를 간절히 바랍니다.

- 2001년 11월 11일, 델리오 한인장로교회

# 감사 생활의 은총과 능력

데살로니가전서 5:18

이제 한 달 남짓, 40일만 지나면 금년(2001년)도 저물고 맙니다. 회고하면, 이 한 해도 역시 고난과 난관이 많았던 해였고, 결코 순탄하지만은 아니한 1년이었습니다. 마치 짐을 지고서 외나무다리를 건너는 것처럼, 왼발과 오른발을 옮겨 징검다리를 디뎌가며 강을 건너듯, 이 한 해를 살았습니다.

돌이켜보면 어려움도 많았고, 슬픔과 고통스러운 일이 많았지만, 모두 하나님의 은혜로 오늘까지 이만큼 살아왔습니다. 하나님의 손길이 언제 나에게 와닿았고, 하나님의 음성이 언제 내 귀에 들려왔는지 전혀 기억도 없고, 실감 있게 체험한 바도 없었지만, 생각하고 또 생각하니 역시 하나님의 돌보심이요 은혜였습니다. 지난 1년을 생각하고 또 생각해도, 하나님께 감사하지 않을 수 없습니다. 가슴을 찢고 목을 메이게 하던 별리(別離)와 숨 막히는 고통을 겪으며 지난 한 해를 지나왔는데, 그럼에도 지금 이 순간에 생각하면, 하나님 앞에 감사 외에는 취할 것이 없습니다.

지금 우리는 청교도들로부터 유래된, 1년 동안 범사가 잘되고, 풍우상강(風雨霜降)의 계절들을 지나면서 수고와 노고를 바쳐 농사한 것의 결실을 얻은 데 대하여 하나님께 감사하는, 추수감사주일 예배를 드리고 있습니다.

하늘 보좌에 앉아 계신 하나님께서 이 개미집 같은, 구석진 국경 마을의 작은 집에서 감사예배를 드리는 우리들을 내려다보시고 가상히 여기실 것입니다. 지난 여름에 김계석 집사님이 암이 재발하여 젊은 나이에 떠났고, 한 사람이 떠나니 또 정용기 집사님이 암에 걸려 사경을 헤매며 투병하고 있습니다. 장사도 부실하고 지내기도 어려운 시절입니다. 그럼에도 우리가 한데 모여 하나님께 감사예배를 드립니다.

예수님께서 이렇게 생각하시지 않을까요?

'내가 언제 저들이 강물에 빠졌을 때 물에 뛰어들어 건져 준 일이 있단 말인가? 내가 언제 저들이 병들어 신음하고 있을 때 찾아가 위로하고 어루만지며 약을 사다 준 일이 있었으며, 내가 저들의 생업이 휘청거리며 쓰러지려 할 때 붙들고 일으켜 준 일이 있었단 말인가? 저들의 쌀독에 쌀이 떨어져 굶주릴 때에 양식을 가져다준 일이 없는데…. 그리했다면 아마도 그것은 내가 한 것이 아니고 그의 이웃이나 형제들이 했을 터인데, 지금 저들이 내게 감사를 하고 있으니, 참으로 저들의 믿음이 아름답도다. 너희에게 평강이 있을지어다!'

여기에 한 가지 비밀이 있습니다. 지금 이 시대에는 2천 년 전과 같이, 예수님이 직접 베데스다 연못가에 찾아가셔서 병자들을 고쳐 주신 것같이 우리를 고치시거나, 광야에 오셔서 오병이어로 먹이신 것같이 우리들의 배를 채워 주시지는 않습니다. 사랑이신 주님은 사랑의 계명(요 13:34)을 내리시고, 우리가 이 계명으로 이웃 간에 사랑함을 통하여서 주님의 뜻을 이루고자 하시는 것입니다.

> … 너희가 여기 내 형제 중에 지극히 작은 자 하나에게 한 것이 곧 내게 한 것이니라 …_마 25:40
> … 이 지극히 작은 자 하나에게 하지 아니한 것이 곧 내게 하지 아니한 것이니라 …_마 25:45

우리가 하나님께 감사드릴 때, 우리는 그때마다 하나님께서 우리에게 '내게 감사하는 너는 같은 일로 네 이웃에게 감사했느냐?'라고 물으시는 음성을 들어야 합니다.

감사에는 두 가지 형태가 있습니다. 첫째는 나에게 끼쳐 준 선의와 유익에 대하여 보답하는 행위로서의 감사입니다. 조건부적인 급부(給付) 행위로, 이런 것은 상대적인 감사라고 합니다. 이런 감사는, 나에게 유익을 끼침이 없으면 인간은 물론이거니와 하나님이라도 감사의 대상이 되지 않습니다. 세상 사람들의 감사 행위가 거의 다 이러한 수준입니다. 그러니 누군가 자기에게 유익을 끼치는 일이 없는 한, 그 사람에게는 평생을 다하도록 감사할 대상이 없습니다. 오고 감이 없이 남남으로 사는 것입니다.

그러나 인간 사회는 모여서 더불어 사는 사회로서의 의미가 있습니다. 나 혼자 살 수 없는 세상이므로, 비록 길 건너 사는 저 이웃이 내게 무슨 유익을 가져다주지 않았다 할지라도, 그 이웃이 존재한다는 것 자체가 곧 감사의 근거가 됩니다. 그리고 예수를 믿는다면, 그 이웃한 사람끼리는 서로 유익을 끼치는 형제가 되라는 것이 교회의 정신이며, 이들이 모여 하나님께 영광을 돌리는 것이 곧 교회입니다(요 13:34; 마 18:20). 그러므로 그리스도인들의 감사의 근거는 믿는 자들끼리 상호 존재의 관계성에 있습니다.

강물에 빠진 사람을 건져 주었더니, 구함을 받은 사람이 자기를 살려 준 사람에게 백배 천배의 감사를 드립니다. 그러나 자기를 구해 준 사람이 마침 그 장소에 있었다는 사실에 대해서는 깨달음이 없습니다. 자기가 강물에 빠진 바로 그때, 바로 그 사람이 그곳을 지나가고 있었다는 사실, 이것이 그와 나와의 관계성입니다. 하지만 그저 우연으로만 생각하는 것이 일반적인 경향입니다. 그러나 세상만사에 우연이란 없습니다.

인간은 주고받는 계산에는 밝으나, 관계성에 대해서는 어리석

  　　　　　　　　　　　　　　　　　　　1부 | 델리오에서 전한 말씀

고 둔하고 깨달음이 없습니다. 그러니 깨달으십시다. 이 작은 구석진 마을에서, 다해 보아야 열 명도 되지 않는 우리가 주의 이름으로 모여 외롭게 향수를 달래고 살면서, 국경에서 오순도순 사는 것은 참 아름다운 것입니다.

> [1]보라 형제가 연합하여 동거함이 어찌 그리 선하고 아름다운고 [2]머리에 있는 보배로운 기름이 수염 곧 아론의 수염에 흘러서 그의 옷깃까지 내림 같고 [3]헐몬의 이슬이 시온의 산들에 내림 같도다 거기서 여호와께서 복을 명령하셨나니 곧 영생이로다 _시 133:1-3

우리가 일반적으로 드리는 감사는 1년 동안 이모저모 도우시고 인도하여 주셔서 얻은 소득이 많으므로 하나님께 감사하는, 조건적이고 상대적인 감사입니다. 그러나 하나님은 이같은 차원을 넘어서서, 하나님과의 관계성을 깨달아 감사하기를 바라십니다.

그래서 둘째의 감사는 관계성에 의한 절대적인 감사입니다. 우리에게는 만물을 지으시고 홀로 소유하시며, 기쁘신 뜻대로 우리를 다스리시는, 선하고 의로우며 참되고 전능하신 창조주가 계십니다. 우리는 그분의 피조물이고 그분의 소유가 된 백성이며, 언제나 그분의 돌보심과 도움을 받을 수 있습니다. 하나님은 우리가 이 관계성에 대해 감사하기를 기뻐하고 원하십니다(히 11:6). 이것을 절대적인 감사입니다. 그러니 하나님께서 내게 구체적이고 실제적이며 직접적인 도움과 유익을 가져다준 것이 없을지라도 여호와는 나의 하나님이요, 나는 그의 피조물이며 백성이라는 관계성에 대하여 언제나 감사할 수밖에 없습니다. 이것이 오늘의 본문, "범사에 감사하라"(살전 5:18)는 말씀의 근저(根底)입니다.

우리는 나에게 하나님이 계신다는 것만으로 감사할 수 있어야 합니다. 우리가 범사(凡事), 즉 괴로운 일이나 질병이나 실패나 낙심이나, 슬픈 일이나 기쁜 일이나, 일이 잘되는 것이나 못 되는 것을 막론하고 모든 일에 감사할 수 있는 근거는, 하나님께서 우리가 구할 때 주시고 두드릴 때 열어 주시며 찾을 때 찾게 해주시는 주님이라는 것입니다.

우리는 나에게 선하고, 참되며, 의롭고, 전능하신 하나님이 계시다는 사실만으로 감사할 수 있는 신앙에 도달해야 합니다. 1년 동안의 농사와 수확, 그리고 그 밖의 모든 성취된 일에 대하여 드리는 청교도들로부터 시작된 추수감사절의 근본정신도 그해의 소득과 성취에서가 아니라, 하나님과의 관계성에서 발현된 것임을 깨달아 알아야 합니다. 절대적인 감사 생활자에게는 하나님의 은총이 그 삶의 능력으로 나타나며, 승리의 원천이 됩니다. 바로 이것을 아셔야 합니다.

다윗은 그 많은 환난과 위기와 고통 가운데서도, 당장 하나님의 도우심의 손길이 다가오지 아니하였어도 끊임없이 감사의 기도를 드렸습니다. 그는 위대한 이스라엘 왕이 되었습니다.

다니엘은 하나님의 택하신 백성이로되, 나라가 침략당하였을 때 포로로 바벨론에 붙잡혀 가고, 억울하게 사자굴에 던져져 죽는 위기를 당하고도 하나님께 감사의 기도를 드렸습니다(단 6:10). 모든 조건 이전에 하나님께 감사를 드린 것입니다. 음모에 빠져 사자굴에서 죽게 된 그는 머리끝 하나 상함 없이 살아났습니다. 이것이 절대 감사요, 절대 감사로 나타난 응답이었습니다.

다니엘과 같이 포로로 잡혀간 그의 세 친구, 사드락과 메삭과 아벳느고는 느부갓네살 왕의 신상(神像)에 절하지 않으므로 불구덩이에 던져지는 죽음의 위기에 직면하였습니다. 그때 그들은 "우리가 섬기는 하나님이 계시다면 우리를 맹렬히 타는 풀무불 가운데에서 능히 건져내시겠고 … 그렇게 하지 아니하실지라도 왕이여 우리가 왕의 신들을 섬기지도 아니하고 왕이 세우신 금 신상에게 절하지도 아니할 줄을 아옵소서"라고 외쳤습니다. 이들은 평소에 하나님과의 관계에 감사하던 사람들입니다.

하박국 선지자는 이렇게 말합니다.

17비록 무화과나무가 무성하지 못하며 포도나무에 열매가 없으며 감람나무에 소출이 없으며 밭에 먹을 것이 없으며 우리에 양이 없으며 외양간에 소가 없을지라도 18나는 여호와로 말미암아 즐거워하며 나의 구원의 하나님으로 말미암아 기뻐하리로다 _합 3:17-18

비록 자기에게 세상적인 물질 소득이 없어도, 하나님이 구원자로 계심을 기뻐하고 즐거워한다고 했습니다. 나와 하나님의 관계성에 대한 감사요 기쁨인 것입니다.

기쁨이 무엇인가요? 기쁨은 감사의 열매요, 감사는 기쁨의 표현입니다. 기쁨 없는 감사는 위선이요 뇌물인 것이며, 감사 없는 기쁨은 자기도취입니다.

나에게 끼쳐진 유익한 일에 대하여 감사 없이 기뻐할 수는 없는 법입니다. 만약 감사 없이 기뻐하고 있다면 자신을 속이고 있는 것이며, 그것은 진정한 기쁨이 아닙니다. 따라서 감사 없이 기뻐한다는 것은 은혜를 배반한 기만 행위입니다.

요즘 세상은 감사할 줄 모른 채 기뻐합니다. 마땅히 감사해야 할 경우인데도 감사하지 않습니다. 거짓된 세상이요, 은혜를 모르고 사는 세상입니다. 이것은 말세의 징조입니다. 디모데후서 3장 2절을 보면 말세가 되어 고통당하는 때에는 감사하지 않는다고 기록되어 있습니다. 감사는 고사하고, 오히려 은혜를 배반하고 배은망덕합니다. 배은망덕자의 결국은 크나큰 멸망과 파멸입니다.

이솝 우화에 이런 이야기가 있습니다. 여러분도 아실 것입니다. 호랑이 한 마리가 구덩이에 빠져 신음하고 있었습니다. 지나가던 토끼가 이것을 보았습니다. 평소에 그 호랑이가 약한 동물을 괴롭히고 잡아먹던 것을 생각하니 얄밉기 짝이 없었습니다. 그러나 동물계의 강자(强者)가 구덩이에 빠져 헤어나오지 못해 고통받고 있는 것을 보고서 불쌍하다는 생각이 들었습니다. 그를 건져 주면, 앞으로는 약자들을 괴롭히지 않고 사이좋은 관계가 되리라는 기대가 생겼습니다.

영리한 토끼는 지혜를 써서 그 호랑이를 구덩이에서 건져 주었습니다. 그랬더니 호랑이가 "내가 여러 날을 구덩이에 빠져 있었기 때문에 배가 고파 죽을 지경이다. 그러니 너를 잡아먹어야겠다!" 하면서 토끼에게 달려들려 했습니다. 이때 토끼가 따져 물었습니다. "호랑이 아저씨, 내가 당신을 구해 주지 않았으면, 당신은 구덩이 밖으로 나오지 못하고 죽었을 것인데, 당신이 감사하기는 커녕 구해 준 나를 잡아먹으려 합니까?" 토끼가 그러자, 호랑이는 "그래, 먹을 거다. 만약 내가 구덩이에 빠지지 않았더라면, 너는 벌써 나한테 잡아먹히고 말았을 테니, 이 시간까지 네가 살아 있었던 것은 오히려 나에게 감사할 일이다"라고 말했습니다. 이것이 은혜의 배반이요 적반하장(賊反荷杖)입니다.

호랑이와 토끼가 이같이 말다툼하고 있을 때, 마침 너구리가 그곳을 지나갔습니다. 호랑이와 토끼는 너구리에게 재판을 맡기기로 합의했습니다. 너구리가 말하기를 "공정한 재판을 하기 위해서는 현장을 조사해야 하니, 호랑이는 처음 상태대로 구덩이에 들어가 있고, 토끼는 자기가 오던 방향에서 오는 장면을 재현하라"고 했습니다. 그래서 호랑이는 자기가 빠져 있던 구덩이에 들어가고, 토끼는 자기가 오던 방향으로 갔다가 구덩이 있는 곳까지 와

서 호랑이가 빠져 있는 구덩이를 들여다보았습니다. 그때 너구리
가 말했습니다.

"호랑이는 들어라. 너는 너의 생명을 구해 준 토끼를 잡아먹으
려 한, 감사할 줄 모르는 배은망덕한 자다. 은혜를 감사하지 않는
자의 말로는 멸망이다. 그러니 너는 이 구덩이에서 죽어라. 토끼
야, 너는 죽어가는 자를 살려 주었으나, 그는 오히려 너의 생명을
앗으려 했다. 그러니 다시는 이와 같은 위기에 처하지 않도록 주
의하여라."

이 이솝 우화는 자라나는 어린아이들에게 감사를 가르치는 좋
은 이야기입니다.

아무리 세상이 악해졌다 할지라도, '배은망덕'(背恩忘德)이 오늘
의 세풍(世風)은 아닙니다. 그렇게 통하는 세상은 아니라는 것입
니다. 이것은 세상을 살아가는 방법이 아닙니다. 하나님이 계시기
때문입니다.

저는 이 오지(奧地) 마을에 사는 세 가정의 요청에 의하여, 살기
좋은 뉴욕 생활을 버리고 이 척박하고 불편한 곳에 와서 핍절한
나날을 보냈습니다. 그러나 하나님과 여러분께 감사하고 있습니
다. 여러분들이 저에게 잘해 준 것에 대하여 상대적이고 조건적인
감사를 하는 것이 아니라, 여러분과의 관계성의 발견에 감사를 드
리는 것입니다.

이 감사주일 예배를 마지막으로 저는 여러분과 이별하고, 내일

　　　　　　　　　　　　　　　　

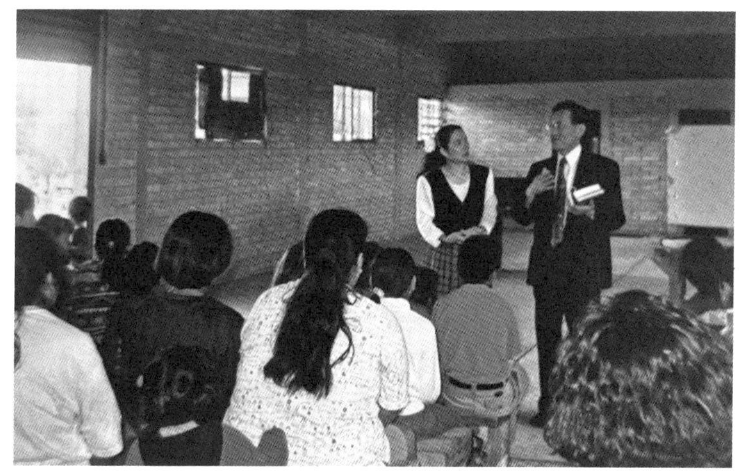

델리오 교회에서 말씀을 전하고 있는 주진경 목사.

새벽 뉴욕을 향해서 떠납니다. 더 젊고 능력 있는 목사님이 오셔서 여러분을 돌보아 주시기를 바라며, 여러분과 인연을 맺은 지 3년 7개월 만에 떠나갑니다. 천만다행으로 이곳에 오고자 하는 목사님이 계시고, 또 여러분이 거기에 합의해 주셔서 떠날 수 있게 되었음을 감사합니다.

제 차가 별로 좋은 상태는 아니지만, 젊은 여러분 같으면 그런 차로도 뉴욕까지 빠르면 2일, 길어야 3일이면 족(足)히 도착할 수 있을 것입니다. 그러나 저는 4-5일간 서서히 갈 것입니다. 2천 마일의 낯선 길을 북쪽을 향하여 달리면서, 교통사고를 통하여 이곳에 부르심의 음성을 들은 그 순간부터 오늘에 이르기까지의 지난

면면들을 회상하며, 감사 찬송을 부르면서 갈 것입니다. 이 다음에 여러분을 어디에서 만나도 주의 이름으로 알아보고, 지난날을 회상하며 서로 문안할 수 있게 된 것에 대하여 절대적인 감사를 드리는 것입니다. 여러분이 나의 소중하고 뜻깊은 내 인생의 일부요, 아름다운 분깃의 한쪽(一片)이 되었기 때문입니다.

여러분께서 어려운 살림 가운데 저에게 잘해 준 것도 있지만, 그것들이 한때의 일로 사라지고 만다 해도, 곰곰이 생각하고 또 생각하면(Think and think)하면 감사(Thank)가 됩니다. 주 예수 그리스도 안에서 여러분과 나와의 관계성이 맺어졌기 때문입니다.

감사를 잊지 마시기 바랍니다. 그리스도 예수가 여러분께 계신다는 사실 때문에 범사에 감사할 수 있기를 바랍니다. 내게 계시는 하나님은 선하고 의로우며 참되시고, 절대의 능력과 권세가 있으십니다. 그런 분이 나의 주님이십니다. 비록 나는 연약하고 부족하고 어리석다 할지라도, 내가 그의 피조물이요 백성이요 자녀라는 사실 때문에 감사하고 살 수 있고, 그 감사 까닭에 삶의 능력을 누릴 수 있습니다.

여러분, 오늘 이 시점(時點)에 우리에게는 제각기 불평스러운 일, 곧 남편을 여읜 비통한 마음, 낙심되는 일, 갑작스러운 질병(암)의 발생, 사업의 도산, 신분 문제, 장래의 두려움 등, 많지도 않은 교인들의 가정 위에 구체적인 문제들이 있습니다. 그러나 이 고난과 역경의 계곡에서 헤어나는 지혜를 배우십시다.

두려워하고, 낙심하고, 한탄하고, 원망하고, 포기하고, 절망하고만 있을 것이 아닙니다. 이 모든 문제들을 먼저 다 해결해 주시면 목숨을 다 바쳐 충성하겠다고 하는 조건부적이고 상대적인 감사에 매달릴 것이 아니라, 하나님이 계시다는 사실 때문에 먼저 하나님께 감사를 드리시기 바랍니다. 이러한 감사를 드림으로, 신실하신 하나님께 빚을 지워 드리십니다. 하나님은 이렇게 감사하는 자들에게 어림할 수 없는 큰 복을 내려 주실 것입니다.

항상 기뻐하고 범사에 감사하여 승리하시기를 바랍니다. 이곳을 떠나는 무익한 종이, 우리 아버지와 주 예수 그리스도를 좇아 은혜와 평강이 여러분 위에 항상 풍성하시기를 축원합니다.

- 2001년 11월 18일 추수감사주일, 고별 설교

# 2부

뉴욕에서
전한 말씀

*In the depths of my soul*

# 오직 예수만 바라볼 때

시편 121:1-8

시편 121편은 이름이 알려지지 않은 저자가, 인생 순례의 광야에서 하나님을 신뢰한다는 확신에 찬 평안을 고백하는 신앙의 묘사입니다. 인생은 고해(苦海)라고 하나, 내 인생의 고해에서 이같은 하나님이 나와 함께하시고 나를 지켜 주신다면, 그 광야와 고해가 아무리 험하고 힘들다 할지라도, 마음에 평화를 가지고서 노래하며 살아갈 수 있을 것입니다.

이스라엘에 가면 사해(死海) 남쪽에 '마사다'(Masada)라고 하는 난공불락의 옛 요새가 있습니다. 케이블카를 타고 이 성의 정상에 올라가면, 물 저장소, 식량 창고, 병사들의 숙소 등, 2천 년 전의 옛 모습이 남아 있습니다. 이스라엘 역사를 보면, 주후 66년에 이스라엘은 당시 자신들을 식민 지배하던 로마제국에 대항하여 반란을 일으켰습니다. 그러나 그들은 세계 최강국이었던 로마제국을 물리칠 수 없었고, 패할 수밖에 없었습니다.

마사다 요새는 패망해 가는 이스라엘군이 마지막으로 항전하다가, 1천 명의 열혈 투사가 비통하고 장렬하게 자결한 곳입니다. 로마군의 봉쇄로 성에 물과 양식이 다 떨어져 더 이상 대항하여 싸울 수 없게 되자, 그들은 "하나님의 선민인 우리가, 하나님이 우리 조상에게 주시고 대대로 물려받아 온 이 땅과, 우리의 사랑하는 처자식들을 어찌 이방인의 손에 넘겨줄 수 있겠는가!" 하면서, 로마군이 성벽을 타고 넘어오기 전에 전원이 자결하였다고 합니다. 그들은 전후좌우 어디를 보아도 도울 이가 올 데 없는 절박한 상황에서, 자결하기 직전에 하늘을 바라보며 이 시편 121편을 소리쳐 외웠다고 합니다.

"내가 산을 향하여 눈을 들리라. 나의 도움이 어디서 올까! 나의 도움이 천지를 지으신 여호와에게서로다!"

오늘날도 이스라엘 군 장교들의 마지막 군사 훈련 코스는 바로 이 마사다라고 합니다.

그런데, 도움을 필요로 하는 자가 어찌 산을 향하여 눈을 드는 것일까요? 이스라엘 백성들에게 산은 하나님의 임재의 상징입니다. 모세가 민족 구원의 부르심을 받은 곳이 시내 산이었고, 그 육신의 생명의 걷으심을 받은 곳도 산(느보)이었습니다. 엘리야 선지자가 우상 숭배 하는 사악한 선지자 850명을 멸하는 능력을 받은 곳도 산(갈멜)이었습니다. 예수님이 변화하여 모세와 엘리야를 만난 곳도 산(다볼)이었고, 예수님이 십자가를 지신 곳도 산(갈보리)이었으며, 예수님이 부활 승천하신 곳도 산(감람산)이었습니다. 이처럼 산은 하나님의 임재를 상징합니다.

또한 산은 하나님의 이름을 둔 곳, 곧 성전을 뜻하며, 하나님이 임재하시는 곳, 교회를 뜻하기도 합니다.

29주께서 전에 말씀하시기를 내 이름이 거기 있으리라 하신 곳 이 성전을 향하여 주의 눈이 주야로 보시오며 주의 종이 이곳을 향하여 비는 기도를 들으시옵소서 30주의 종과 주의 백성 이스라엘이 이곳을 향하여 기도할 때에 주는 그 간구함을 들으시되 주께서 계신 곳 하늘에서 들으시고 들으시사 사하여 주옵소서 _왕상 8:29-30

하나님은 산을 향하여 눈을 들고 있는 우리를 어떤 지경에서든지 지키고 보호하십니다. 우리가 실족하지 않게 하시며, 또 우리를 지키시기 위하여 졸지도 않으시고 주무시지도 않으십니다.

군대 생활의 경험이 있는 이들은 군의 보초 근무와 불침번 근무가 어떤 것인지 알 것입니다. 철모를 쓰고서 총을 메고, 찬 이슬을 맞으며 보초를 서는 일은 견딜 만한 고통입니다. 그러나 졸음이 오는 것은 견딜 수 없는 고통입니다. 잠깐 조는 사이에 적병이 잠입하여 수류탄을 던지고 갈 수도 있기 때문입니다.

　　초음속의 비행기를 몰고 가는 조종사들에게도 순간순간 졸음이 온다고 합니다. 항공기 조종사가 깨어 있지 않고 정말로 졸음에 빠진다면 승객들의 생명은 어찌 되겠습니까? 하늘을 지키는 공군의 레이더 방공망은 하늘을 나는 모든 비행기의 항적을 파악하고 피아를 식별하여 적시적기에 필요한 조치를 취하게 합니다. 그러나 아무리 시스템이 최신식이며 성능이 좋고 완벽하다 하여도, 레이더를 감시하는 파수꾼이 졸고 있다면 초현대적인 방공 네트워크도 아무런 소용이 없고, 적군의 공격을 당할 수밖에 없습니다. 이사야 21장 11절에서 "파수꾼이여 밤이 어떻게 되었느냐 파수꾼이여 밤이 어떻게 되었느냐"라고 거듭 물어도, 파수꾼이 졸고 잠자고 있다면, 그 성읍이 어찌 평안할 수 있겠습니까?

파수꾼이 졸지 않고 자지도 않고 나라와 국민을 지킬 때, 그 나라의 국민은 안심하고 편안한 삶을 살아갈 수 있습니다. 그런데 우리가 믿는 여호와 하나님은 졸지도 않고 주무시지도 않으시며 우리를 지키신다고 성경이 말씀합니다. 우리 마음이 얼마나 든든하고 평안한지 모릅니다. 그러니 우리가 하늘나라에 소망을 두고 한세상을 살아갈 수 있는 것입니다. 본문 5-6절을 보면 여호와 하나님이 우리를 지킨다고 말씀합니다.

5여호와는 너를 지키시는 이시라 여호와께서 네 오른쪽에서 네 그늘이 되시나니 6낮의 해가 너를 상하게 하지 아니하며 밤의 달도 너를 해치지 아니하리로다 _시 121:5-6

이 말씀은 하나님이 우리를 밤낮으로 완벽하게 보호하고 지켜주신다는 뜻입니다. 그런데 왜 우편에서 그늘이 되신다는 것일까요? 여기에는 깊은 의미가 담겨 있습니다. 우리는 대부분 오른손으로 밥을 먹고, 글도 오른손으로 쓰며, 운전을 할 때도 오른손에 중심이 있습니다. 대개가 오른편이 강합니다.

중세의 기사 그림을 보면 말을 타고 있고, 머리에는 투구를 쓰고 몸에는 갑옷을 두르고 있으며, 왼손에는 방패가, 오른손에는 창과 칼이 들려 있습니다. 오른손에 공격무기가 들려 있는 까닭은

주로 오른손이 강하기 때문입니다. 그러나 독화살이나 창이 기사의 오른편을 향하여 날아올 때는 강하다고 생각하는 오른손도 치명적인 위험에 노출됩니다. 하나님은 우리가 강하다고 생각하는 오른쪽에 오히려 약점이 있다는 것을 아시고, 우편을 그늘지게 하여 지켜 주시는 것입니다.

고린도전서 10장 12절에 "그런즉 선 줄로 생각하는 자는 넘어질까 조심하라"고 말씀합니다. 우리는 내가 강하다고 생각하는 그것이 바로 약점이 되는 우편인 것을 잊지 말아야 합니다. 내가 스스로 강하다고 여기는 그때, 그곳에 내게 약한 점이 있다는 것을 깨닫고 주를 바라볼 때, 주께로부터 도움이 오는 것입니다.

> 여호와께서 너를 지켜 모든 환난을 면하게 하시며 또 네 영혼을 지키시리로다 _시 121:7

우리는 우리에게 다가오는 환난을 어느 정도까지는 스스로 막아낼 수 있으나, 내 영혼은 스스로 지킬 수 없습니다. 어떠한 노력으로도 내 영혼을 내가 지킬 수는 없습니다. 그러나 내 영혼의 주인이신 하나님은 내 영혼을 지켜 주십니다. 만일 하나님이 내 영혼을 지켜 주시지 아니하면 내 믿음도 헛것이 됩니다. 믿음을 따라 행한 모든 선행도 헛되며, 영생에 대한 소망도 부질없는 것이 되고 맙니다. 그런고로 우리는 내가 스스로 강하다고 느끼는 그때에, 하나님께서 아시는 약한 점이 나에게 있다는 것을 깨닫고 주를 바라보아야 합니다. 주를 바라보고 의지하고 따라가야 합니다. 사는 길은 오직 그 길뿐입니다.

여호와께서 너의 출입을 지금부터 영원까지 지키시리로다 _시 121:8

8절에서 말하는 '너의 출입'이란 나의 모든 인생사입니다. 시편 139편 1절 이하를 보면 "여호와여 주께서 나를 살펴보셨으므로 나를 아시나이다 주께서 내가 앉고 일어섬을 아시고 멀리서도 나의 생각을 밝히 아시오며 나의 모든 길과 내가 눕는 것을 살펴보셨으므로 나의 모든 행위를 익히 아시오니 여호와여 내 혀의 말을 알지 못하시는 것이 하나도 없으시니이다"라고 기록돼 있습니다. 이러한 하나님이 나를 지키신다면, 내가 달리 무엇을 바라보고 의지하겠습니까? 진실로 여호와는 내게 부족함이 없는 분이십니다.

세상이 아무리 험하고 어둡고, 힘들고 두렵고 고통스러울지라도, 주만 바라보고 의지해야 하는 것은 이 까닭입니다. 이 세상에 다른 모든 것들이 아무리 찬란하고 호화롭고 좋다 할지라도, 오직 예수만 바라보아야 할 것입니다. '주만 바라볼지라'라는 복음송을 입으로만 소리 높여 부를 것이 아니라, 나의 삶이 그렇게 해야 합니다.

내가 거처하는 곳은 초라하기 짝이 없는, 식탁도 없어서 방바닥에 앉아 옛날 밥상에서 먹고, 소파도 없어서 마룻바닥에 앉고 일어서야 하는, 생활하기 불편한 곳입니다. 그러나 방문을 열면 맞은편 벽에 걸려 있는 액자의 '오직 예수, 나의 기쁨, 나의 소망'이라는 글귀가 보입니다. 나는 늘 그 액자 밑에서 누워 자고 일어나며, 먹고 마시며, 묵상하고 무릎 꿇으며 살아가고 있습니다. 그런데 요즈음 나 자신을 스스로 조용히 살펴보니, 나는 '오직 예수, 나의 기쁨, 나의 소망'이라는 액자 밑에서 호흡하며 살아가면서도, 나도 모르는 사이에 오직 예수만 바라보지 않는 때가 그렇게도 많았습니다. 그것을 발견하고는, 하나님 앞에서 심령이 가난해지기까지 깊이 통회하고 참회하였습니다.

텍사스와 멕시코 국경의 척박하기 짝이 없는, 외롭고 무더운 불모의 국경 마을에서 작은 교회를 섬기며 멕시코 빈민 선교를 할 때는 그렇게도 주만 바라보고, 주만 부르고, 주만 의지했습니다. 그러다 이토록 살기 좋은 뉴욕에 돌아온 지 겨우 반년밖에 안 되었는데, 주님 외에 다른 것들을 얼마나 바라보고, 눈길을 그리로 돌렸는지 알 수가 없습니다. '오늘은 누구를 만날 것인가? 오늘은 누구와 어디를 가서 무슨 음식을 먹을 것인가? 누구로부터 무슨 좋은 전화가 걸려 오지 않을까?'

부족하고 연약하기만 한 나이 든 종이 그 은혜로운 고통의 사역 자리를 떠나, 살기 좋은 뉴욕으로 돌아와 땅의 것만 바라보며 나날을 보내고 있으니, 바로 이것이 사망의 길로 사로잡혀 가고 있는 것이 아니고 무엇이란 말입니까!

"오호라, 나는 곤고한 자로다. 누가 나를 이 사망의 늪에서 건져내랴!" 하는 처절한 바울의 탄식을 가슴 깊이 통절하면서, 나는 내 처소의 벽에 걸려 있는데도 멀리만 바라보던 예수님께 다시 가까이 다가가, 눈을 들어 흐느끼며 바라보았습니다. 예수님은 이같은 나를 여전히 가까이서 기다리고 계셨습니다. "주 예수 그리스도로 말미암아 하나님께 감사하리로다…"라고 고백할 수밖에 없는 이것이, 날로 후패해가는 육신 가운데 살고 있는 나의 기막힌 숙명입니다.

우리나라는 지금 어디를 향하여 가고 있는 것일까요? 세계적으로 크고 작은 교회도 많고 신자들도 많으며, 큰 소리로 외쳐 기도도 많이 하고 선교사도 많이 보내고 있는 우리나라가, 정치, 경제, 사회, 종교, 그 밖의 모든 분야에 있어서 지금보다 더 혼탁하고 어지럽고 부패하고 타락한 때가 있었던가요! 이 나라에 도움이 어디서 올까…. 온 국민이 산을 향하여 눈을 들 때입니다. 진정 우리를 지키실 예수님만 바라볼 때입니다.

- 2002년 7월 21일, 든든한교회

# 영적 예배의 삶

로마서 12:1

추위가 한창이던 금년 정월 초, 오찬 기도회에서 여러분을 만났는데, 가을바람이 불기 시작한 추석을 앞두고 다시 만나게 되니 감회가 별다르고 대단히 반갑습니다. 하나님께 감사를 드립니다.

오늘의 본문은 불과 몇 마디 되지 않는 짧은 한 구절의 말씀이지만, 참으로 깊고 깊은 은혜의 샘이라고 할 수 있습니다. 여러분께서 이 본문을 중심으로 한 메시지를 이미 여러 측면에서 들으셨으리라고 저는 짐작합니다. 오늘 드리는 말씀이 같은 내용이 될지 모르겠으나, 새로운 은혜의 기회가 되기를 바랍니다.

> … 너희 몸을 하나님이 기뻐하시는 거룩한 산 제물로 드리라 이는 너희가 드릴 영적 예배니라 _롬 12:1

여기에서 몸은 무엇을 말하는 것일까요? 대개의 경우 '몸'을 육체 또는 '믿는 삶'이라고 풀이하고 있습니다. 이것이 틀렸다고 할 수는 없으나, 올바른 해석은 아닙니다. 인간들이 하나님께 무엇인가를 드리는 것, 그것이 곧 제사 행위가 됩니다. 드리는 자와 드리는 내용, 즉 사람과 제물, 이 두 가지를 드린다는 뜻입니다.

창세기 4장 3-5절에 가인과 아벨의 제사에 대한 기사가 기록되어 있습니다. 하나님께서 가인이 드린 제사, 곧 가인 그 자신과 가인이 드린 제물은 받지 않으시고, 아벨이 드린 제사, 곧 아벨 그 자신과 아벨이 드린 제물은 받으신 것을 눈여겨보아야 합니다.

우리가 몸을 제물로 드린다고 하면, 우리 자신과 우리의 삶을 인격체로서 드리는 것임을 깨달아야 합니다. 따라서 그 제사드리는 인격체와 그가 드리는 제물이 일치되어야 합니다. 강도가 돈을 훔쳐다 금촛대를 사서 하나님께 바쳤다면, 그 금촛대가 아무리 고가의 것이라 할지라도 받지 않으실 뿐만 아니라, 그 제물을 바친 강도도 당연히 받지 않으십니다. 제물은 가증한 것이요, 바친 자는 위선자이기 때문입니다.

한편, 어떤 사람이 말씀을 따라 살며 열심히 일하긴 하는데, 얻은 것이 적어 드리는 예물이 초라합니다. 그러나 정성을 다하여 바친 경우 그 예물은 깨끗한 것이요, 그 바친 자는 가상하여 하나님이 기뻐 받으십니다.

예물을 바치는 자와 바치는 예물에 대해 말씀을 드렸습니다. 본

론으로 갑니다.

출생으로부터 죄의 성품으로 태어난 우리는, 예수를 믿기 전까지는 죄의 성품인 육신의 소욕을 따라 사는 몸이었습니다. 매사를 육신의 정욕을 좇아 행동하며 살았습니다. 그러나 어느 날 누군가의 전도를 받고 예수를 믿고 나서부터 내 안에 내주하시는 성령의 소욕을 좇는 성품이 생겼습니다. 즉, 성령의 소욕을 따라 행하고자 하는 몸이 생겨난 것입니다. 그때부터 내 안에는 육의 몸과 성령의 몸이 끊임없이 계속하여 투쟁을 합니다. 사도 바울은 로마서 7장 19-24절에서 이 사실을 적나라하게 파헤치고, 처절한 탄식으로 고백하고 있습니다.

[19]내가 원하는 바 선은 행하지 아니하고 도리어 원하지 아니하는 바 악을 행하는도다 [20]만일 내가 원하지 아니하는 그것을 하면 이를 행하는 자는 내가 아니요 내 속에 거하는 죄니라 [21]그러므로 내가 한 법을 깨달았노니 곧 선을 행하기 원하는 나에게 악이 함께 있는 것이로다 [22]내 속사람으로는 하나님의 법을 즐거워하되 [23]내 지체 속에서 한 다른 법이 내 마음의 법과 싸워 내 지체 속에 있는 죄의 법으로 나를 사로잡는 것을 보는도다 [24]오호라 나는 곤고한 사람이로다 이 사망의 몸에서 누가 나를 건져내랴 _롬 7:19-24

선을 행하고자 하는 성령의 소욕이 있지만, 육의 소욕의 세력에 이끌려 사망의 늪으로 빠져감에도 불구하고, 자기를 구해낼 자가 없어서 절망의 탄식을 하는 것입니다. 상식적으로 생각하면, 성령의 소욕과 육의 소욕이 서로 싸우면 당연히 성령의 소욕이 육의 소욕을 누르고 하나님의 뜻대로 행하고 살아가야 할 텐데, 오히려 육의 세력에 지고 있다는 것입니다. 얼마나 큰 모순이며, 얼마나 실망스러운 일입니까? 왜 그렇겠습니까?

그 해답을 성경에서 찾습니다. 무자(無子)한 아브라함이 하나님의 약속을 기다리지 못하여, 아내 사라의 몸종 하갈을 취하여 아들 이스마엘을 낳았습니다. 아들은 아들이나 종의 아들입니다. 그 후 세월이 지나, 100세가 된 아브라함이 약속의 아들 이삭을 낳습니다. 창세기 21장 9절을 보면, 먼저 태어나서 클 만큼 큰 이스마엘이 나중 난 어린 이삭을 희롱하고 괴롭혔습니다. 먼저 낳은 종의 자식은 힘이 강하고, 나중 낳은 약속의 아들은 힘이 약합니다. 이 사실을 갈라디아서 4장 28-29절은 이렇게 조명합니다.

28형제들아 너희는 이삭과 같이 약속의 자녀라 29그러나 그때에 육체를 따라 난 자가 성령을 따라 난 자를 박해한 것같이 이제도 그러하도다 _갈 4:28-29

여기에서 '이삭과 같은 약속의 자녀'는 곧 나중에 예수를 믿어 약속의 자식이 된 갈라디아 성도들을 가리키는 말입니다. '이제도

서재에서 설교문을 집필하고 있는 주진경 목사.

그러하도다'라는 말씀은, 먼저 타고난 죄의 성품이 힘이 더 강하여 나중에 예수 믿고 태어난 성령의 성품을 괴롭히고 핍박한다는 것입니다.

힘이 강한 육의 성품은 어떤 것들입니까? 갈라디아서 5장 17절에서는 "육체의 소욕은 성령을 거스르고 성령의 소욕은 육체를 거스르나니 이 둘이 서로 대적함으로 너희가 원하는 것을 하지 못하게 하려 함이니라", 19절에서는 "육체의 일은 분명하니"라고 기록하고 있습니다. '분명하다'라는 말은 영어로 obvious, evident, 즉 '명백하다, 현저하다' 이런 뜻인데, 헬라어로는 파네로스(φανερός)라는 단어입니다. 이 말을 영어로 번역하면 manifest,

즉 '나타내 보이다, 시위하다, 행동해 보이다, 힘이 있다' 이런 뜻입니다. 눈에 띄는 선수는 경기력이 강한 선수입니다. 힘이 강한 선수가 뛰어나게 보입니다.

분명한 육체의 일들이란 음행, 더러운 것, 호색, 우상 숭배, 술수, 원수 짓는 것, 분쟁, 시기, 분냄, 작당, 분리, 이단, 투기, 술 취함, 방탕, 또 그와 같은 것들이며, 이러한 것을 행하는 자들은 하나님 나라를 결코 받지 못한다고 하였습니다. 육체의 일이 분명하여 그 모든 것들을 누리고 즐긴다면, 하나님 나라는 결코 받지 못한다는 것입니다. 이러한 몸을 하나님이 받으실 리가 없습니다. 이렇게 사는 자들은 천국을 누리지 못합니다.

곧 이어서, 성경은 성령의 아홉 가지 열매를 말합니다.

22오직 성령의 열매는 사랑과 희락과 화평과 오래 참음과 자비와 양선과 충성과 23온유와 절제니 이같은 것을 금지할 법이 없느니라

_갈 5:22-23

여기서 한 가지 염두에 둘 것은, 여러분이 성령의 아홉 가지 열매는 잘 알고 외우기까지 하면서도, 하나님 나라를 받지 못할 육체의 분명한 일에 대해서는 별로 관심 없이 지내왔다는 것입니다. 왜 그럴까요? 그것은 여러분이 배워야 할 순서의 구분 없이, 유년 주일학교에서부터 암기용으로만 배웠기 때문입니다.

농부가 논밭에 씨를 뿌릴 때 가장 먼저 하는 일은 땅을 갈고 잡초와 돌멩이를 제거하는 것입니다. 그 다음에 씨를 뿌리는 것이 순서입니다. 이와 마찬가지로, 성경 말씀의 순서대로 하나님 나라를 받지 못할 육체의 분명한 것들을 먼저 배우고, 성령의 열매에 대하여 배웠어야 할 일입니다.

성경은 이와 같은 것, 즉 성령의 열매를 금지할 법이 없다고 했습니다. 무슨 뜻입니까? 성령의 열매 맺는 일을 방해할 자가 없다는 것입니다. 그 말씀은 성령의 열매 맺는 삶은 명제적이라는 뜻으로, 반드시 그렇게 성령의 열매를 맺는 삶을 살아야 한다는 것입니다. 이것을 원리적 선언이라고 합니다.

그러나, 여러분이나 저나 성령의 열매를 어김 없이 맺어가며 살고 있습니까? 그렇지 못하다는 것이 모두의 정직한 대답입니다. 왜 그렇습니까? 그것은 아무리 내 안에 성령님이 내주하고 계신다고 하지만, 성령의 소욕을 거스르는 육체의 세력이 분명하기 때문입니다. 언제나 그 육체의 분명한 세력이 나를 사로잡아 죄와 사망의 늪으로 몰아가기 때문에 그렇습니다. 이것이 곧 "오호라 나는 곤고한 사람이로다. 이 사망의 몸에서 누가 나를 건져내랴"라고 절망하고 탄식하는 바울의 교훈입니다.

그렇다면 정녕 멸망할 수밖에 없는 나를 누가 어떻게 건져낸다는 말입니까? 그 해답을 성경이 풀어 줍니다. "이같은 것을 금지할 법이 없느니라"고 한 성경은, 다음 24절에서 이렇게 말합니다.

그리스도 예수의 사람들은 육체와 함께 그 정욕과 탐심을 십자가에 못 박았느니라 _갈 5:24

해답은, 성령이 내 안에 계심에도 불구하고 나를 사망의 법으로 사로잡아 가는 육체의 분명한 세력을 이기기 위하여, 내가 십자가에 못 박히는 것입니다. 내 죄를 지고 십자가에 못 박히시는 예수와 함께 나도 십자가에 못 박혀 죽는 일입니다.

내가 그리스도와 함께 십자가에 못 박혔나니 그런즉 이제는 내가 사는 것이 아니요 오직 내 안에 그리스도께서 사시는 것이라 이제 내가 육체 가운데 사는 것은 나를 사랑하사 나를 위하여 자기 자신을 버리신 하나님의 아들을 믿는 믿음 안에서 사는 것이라 _갈 2:20

육체의 분명한 세력에서 풀려나는 길은 우리 죄를 지고 십자가에 달려 죽으신 예수와 함께 죄인 된 나도 못 박혀 죽는 것입니다. 그리하여 사망의 권세를 누르고 다시 사신 예수와 함께 나도 새 생명으로 태어나며, 성령의 열매를 맺어 가는 삶을 살게 됩니다.

여러분, 행여 가정에서, 더불어 일하는 일터에서, 시장에서, 고객과 나 사이에서, 또는 마을에서 문제가 있어서 화평치 못합니까? 그렇다면 먼저 내가 죽으십시오. 죄에 끌려가는 나를 대신해서 죽으신 예수를 생각하면서, 나 스스로 죽으시기 바랍니다.

나의 도덕적 기준, 나의 교육 수준과 지식, 나의 의와 신념, 나의 수양된 인격, 나의 사회적 명성과 권위로 문제를 풀려고 하지 마시기 바랍니다. 그것 자체가 바로 육의 분명한 세력이 됩니다. 내가 죽고 십자가에 달리신 예수님께 맡기고 의지할 때, 하나님이 이것을 가상히 여기시며 "이는 내가 받을 만하도다" 하고 기뻐 받으십니다. 이러한 나와 나의 삶이 곧 하나님이 기뻐 받으시는 산 제물이며, 이것이 우리가 하나님께 드릴 영적 예배입니다.

헬라어 성경을 영어로 번역할 때 '영적'이라는 말은 'suitable, reasonable'이라고 했는데, 그 뜻은 '실질적인, 합당한'이며, '예배'라는 말은 하나님과 내가 올바른 관계에서 만난다는 뜻입니다. 그렇다면 성령의 열매는 어디에서 맺어집니까? 교회에서가 아니라, 두말할 것도 없이 우리들의 가정과 일터와 삶의 현장에서 맺힙니다. 그러니 우리가 성령을 좇아 꾸준히 성령의 열매를 맺는 삶을 살고 있다면, 우리는 매일매일 순간순간 하나님을 올바른 관계 속에서 만나고 있으며, 곧 예배 생활을 하는 것이 됩니다.

그렇다면 주일에는 특별히 교회에 갈 필요가 없다고 생각할 수도 있습니다. 그러나 십계명 중 제4계명은 뭐라고 말합니까?

9엿새 동안은 힘써 네 모든 일을 행할 것이나 10일곱째 날은 네 하나님 여호와의 안식일인즉 너나 네 아들이나 네 딸이나 네 남종이나 네 여종이나 네 가축이나 네 문안에 머무는 객이라도 아무 일도 하지 말라

<sup>11</sup>이는 엿새 동안에 나 여호와가 하늘과 땅과 바다와 그 가운데 모든 것을 만들고 일곱째 날에 쉬었음이라 그러므로 나 여호와가 안식일을 복되게 하여 그날을 거룩하게 하였느니라 _출 20:9-11

이 말씀대로라면, 삶의 현장에서 힘써 일하는 6일 동안 하나님 말씀을 따라 살면 늘 주님을 예배하는 관계에 있는 것이니까, 제7일 안식일, 즉 오늘날의 주일에는 원하는 대로 휴식을 취하며 지내도 될 것 같습니다. 그러나 그렇지 않습니다. 일터에서 만나던 주님을, 그날은 그 일터를 떠나 구별된 곳, 즉 하나님의 이름을 둔 성전, 곧 교회에 가서 만나야 합니다. 엿새의 평일에는 작업복 차림으로 일하면서 주님을 만나던 것을, 그날은 일을 하지 말고 예복을 입고 만나야 합니다.

그날에, 마음에는 원이었으나 육신이 연약하여 잘못한 것, 게을러서 말씀을 소홀히 한 것, 알고 모르는 사이에 저지른 허물과 죄에 대한 자백과 참회를 해야 합니다. 또 평소에 품었던 갖가지 소원들과 감사를 고백하고 찬양하며, 주 안에서 형제 된 분들과 교제하고, 하나님께 구원의 예물을 드려야 합니다. 이런 모든 것을 통해 거룩하고 구별되게 하나님을 만나는 날이 안식일이요 주일입니다.

만약에 일하는 6일 동안 '하나님께 이렇게 살았습니다'라고 내놓을 만한 삶이 없었다면, 아무리 구별된 모습으로 구별된 장소에 나와 좋은 설교를 들어도, 예술 지향적인 찬송에 감명과 감동을 받아도, 두툼한 봉투의 헌금을 드려도, 소리 높여 주의 이름을 불러도, 이것은 하나님이 기뻐 받으시는 예배가 아닙니다. 다만 신앙 연기에 불과하며, 종교 행위에 지나지 않습니다. 즉, 바리새인적인 것입니다.

'산 제사'란 무엇입니까? 구약의 제사는 동물을 죽여서 제물로 드리는 제사였습니다. 제물이 죽었으니 그 제물은 칼로 찔러도, 발길로 차도, 무슨 못된 말로 저주를 퍼부어도 제물을 받으실 분 앞에서 잠잠하고 다소곳이 있을 뿐입니다.

신약의 제사는 우리 몸을 산 제사로 드리는 제사입니다. 우리는 살아 있으면서도 하나님과 하나님의 말씀 앞에서 죽은 짐승처럼 순종하며, 복종으로 주님께 드려집니다. 살아 있으면서도 육의 소욕이 죽어서, 마치 죽은 자처럼 성령의 소욕과 하나님의 뜻에 절대적으로 복종하는 삶을 사는 것입니다.

'정욕' 하면 우리는 먼저 부도덕한 육신의 감각적 욕망을 연상합니다. 그러나 정욕이란 하나님의 뜻과 반대되는 모든 인간적인 생각이나 욕심을 말합니다. 아무리 심오한 철학적인 지식, 차원 높은 도덕적 기준, 지식, 수양된 성품일지라도 하나님의 뜻과 배치된다면, 그것이 곧 정욕입니다.

우리는 이러한 정욕으로 인하여 넘어지고 쓰러져 인생을 망칠 때가 많이 있습니다. 그러나 하나님의 뜻을 따르기 위하여 선하다고 생각했던 나의 지식과 도덕성과 자존심을 버릴 때, 즉 자아가 처참하게 비하되는 그때가 곧 내가 하나님을 전적으로 만나고, 내가 하나님께 산 제물로 드려지는 순간임을 이서야 합니다. 이것이 곧 살아 있는 믿음의 역사입니다.

실업인은 인간 사회의 모든 분야에 있어서 가장 핵심적인 존재들입니다. 우리는 내가 죽고 다시 사는 신앙 인격으로 살아가야 할 책임, 즉 가정에 대한 책임과 사회에 대한 책임과 국가에 대한 책임이 있으며, 종국적으로 우리가 잘 살아야 할 책임이 있습니다. 이것이 바로 예수님께서 마태복음 16장 24절에서 "누구든지 나를 따라오려거든 자기를 부인하고 자기 십자가를 지고 나를 따를 것이니라" 하신 말씀의 참된 뜻입니다.

하나님은 죄악 세상을 구원하기 위하여 자기 자신을 버리신 예수님을 다시 살리고 영광을 높이 나타내셨습니다.

기독 실업인 여러분, 말씀 앞에서 자기부인의 삶, 내가 먼저 죽는 삶을 살아가므로 위로부터의 신령한 은혜와 축복이 풍성히 임하기를 간절히 바랍니다.

- 2002년 8월 29일(목) 12시 맨해튼기독실업인회 오찬기도회, 뉴욕 곰탕하우스

# 진정한 삶의 길

요한복음 11:25-26

영국의 윌리엄 제닝스 브라이언(William Jennings Bryan)이라는 사람이 카이로를 방문했을 때, 3천 년 된 미라에서 한 곡식 단지를 발견했습니다. 단지 속에는 완두콩이 들어 있었는데, 장구한 세월이 흐르는 동안 마르고 말라 쪼글쪼글해지고 돌덩어리같이 딱딱해져서, 도무지 생명이 있어 보이지 않았습니다. 그러나 유적지 순례에서 얻은 것이기에 아주 귀하게 생각하고, 그것을 가지고 돌아와 땅에 심었습니다. 그랬더니 그 딱딱하고 돌같이 쪼글쪼글한 씨앗에서 싹이 나고 잎이 나더니 열매를 맺었습니다. 그 후부터 그는 전도할 때마다 이 사실을 들어 말했습니다.

"1년생 식물도 3천 년 동안이나 죽었다가 다시 살아나 열매를 맺는데, 하물며 하나님의 형상을 닮은 인간이 겨우 80-90년 살고 죽는다는 말인가? 하나님의 형상을 닮은 인간에게는 반드시 부활이 있고, 영원한 생명과 세계가 있다. 완두콩이 3천 년 동안 말라비틀어져 쪼글쪼글하고 딱딱한 돌덩어리같이 되긴 했지만, 그 씨앗이 합당한 조건 안에만 있으면 생명을 내듯이, 인간도 합당한 조건, 즉 생명의 주인이신 예수 그리스도 안에만 있으면 부활과 영생이 있다"라고, 자신 있게 복음을 전하였다고 합니다.

그렇습니다. 인간은 모두 죽지만 다시 사는 길이 있고, 영원히 사는 길이 있습니다. 성경은 말합니다.

한 번 죽는 것은 사람에게 정해진 것이요 그 후에는 심판이 있으리니

_히 9:27

예수를 믿는 사람이 죽으면, 흙으로 지음 받은 육체는 흙으로 돌아가고, 하나님의 생기인 영은 하나님께로 돌아갑니다. 그러나 믿지 않는 자의 육체와 영은 믿지 않았던 까닭으로 인하여 멸망으로 떨어지고 맙니다.

요한복음 4장 24절에서 하나님은 영이시라고 하였습니다. 영이신 그 하나님의 형상을 따라 지음을 받은 우리 인간들은 영적 존재입니다. '영'도 아니요 하나님도 아니지만, 영적 존재인 인간들의 마음속에 영원을 사모하는 마음이 있다고 전도서 8장 11절은 말하고 있습니다. 그런데 인간들은 이같이 영원을 사모하는 마

  2부 | 뉴욕에서 전한 말씀

음을 가지고 있으면서도 영원한 진리를 따르지 않고, 진리가 아닌 것과 썩어가는 육을 쫓아갑니다. 예수를 믿는다고 하면서도 진리를 따르지 않는 것이 인간 최대의 비극입니다.

이 땅 위의 생명체는 식물과 동물 그리고 인간, 세 부류로 대별합니다.

첫째, 식물은 정태적인 생명체로서 의식이나 감각지능이 없고, 움직임이 없는 생명체입니다. 이것들은 땅에 뿌리를 내리고, 땅속에서 올라오는 수분과 자양분, 그리고 하늘의 태양과 바람으로 살아갑니다. 의지와 본능과 지식이 없고, 정지 상태에 있는 생명체입니다.

둘째, 동물은 지면과 물에서, 또 공중에서 움직이는 생명체로서, 각종 곤충과 어류 그리고 온갖 동물입니다. 본능과 지극히 제한된 지능으로 움직이며, 먹이를 찾으면서 살아갑니다. 개들이 숫자와 교통 신호를 알아보며 목적물을 탐색해내고, 비둘기가 문서를 전달하는 것 등은, 동물들에게 지식이나 지각이 있어서가 아니라 훈련된 지각 본능의 결과입니다.

셋째, 동물적 생명체인 인간은 어떤 존재입니까? 인간은 움직이는 능력과 혼과 영이 있습니다. 동물들에게 없는 사고능력, 지식, 의지, 이런 것들 외에, 또 하나님을 알고 영원을 사모하는 마음이 있습니다. 이런 것은 하나님으로부터 주어졌습니다. 다른 동물들처럼 움직이고 돌아다니며 먹이를 얻고, 존재적으로만 살아가는 것은 아닙니다. 인간에게는 영원을 사모하는 마음이 있으므로, 그 길을 따라가야 진정한 삶을 살 수 있게 됩니다.

인간은 동물처럼 떡으로만 사는 것이 아니라 영원한 하나님의 말씀을 먹고 영원을 향해 살아갑니다. 영원히 사는 것이 없다면 다른 동물이나 식물과 다를 바가 없습니다. 영원을 사모하는 마음이 영원히 사는 길로 인도하며, 그 길이 곧 예수 그리스도입니다.



이 말씀은 곧 예수를 믿으라는 것입니다. 예수를 믿으면 죽어도 살겠고, 살아서 믿는 자는 영원히 죽지 않는다고 요한복음 11장 25-26절에 기록돼 있습니다.

이 세상은 예수를 믿는 사람과 믿지 않는 사람이 섞여 살고 있습니다. 믿는다고 하니까 겉으로는 다 똑같이 믿는 사람으로 보이지만, 누가 진정으로 믿는지는 그 믿음을 시험해 보아야 알 수 있습니다. 겉으로는 다 믿는 사람으로 보이지만, 그 삶의 열매를 보면 산 자와 죽은 자가 드러납니다.

달걀과 오리알이 겉으로 보기에는 똑같습니다. 그러나 그것들을 부화시켜 물가에 가져다 놓으면 오리 새끼는 물로 들어가지만, 병아리는 물에 관심이 없습니다. 마찬가지로 믿는 자나 믿지 않는 자가 모두 같아 보이지만, 평소에 그가 하는 말이나 행동이나 그 삶을 보면 믿는지 안 믿는지 알 수 있습니다. 삶의 열매를 보고서 믿는 사람인지 믿지 않는 사람인지를 구분할 수 있는 것입니다(마 7:16). 믿는다고 하는 사람이 주일에 교회에는 안 가고 딴 곳을 찾아간다면, 어찌 그를 믿는 사람이라고 할 수 있겠습니까?

모래 속에 나무 부스러기나 톱밥, 유리 조각, 쇳조각, 또 그 밖에 여러 가지 티끌이 섞여 모래밭을 이루고 있는데, 여기에 지남철을 갖다 대면 쇠붙이만 따라 올라옵니다. 지남철을 따라 모래밭을 벗어나려면 자석에 달라붙는 속성을 갖고 있어야 합니다. 그래야 자석에 붙어 끌어올려집니다. 생명과 영생을 얻으려면 생명이신 예수님을 닮아야 하고, 예수에 대한 믿음이 있어야 세상의 사망의 늪에서 벗어나서 생명으로 끌려 올라갈 수 있습니다. 그러므로 예수를 믿어야 영생을 얻을 수 있습니다.

예수를 믿는다고 하지만 겉으로만 예수를 믿는 것처럼 보이지, 실상은 예수를 믿지 않는 사람이 많습니다. 예수를 믿으면 진리이신 예수의 말씀을 따르고 실천해야 할 터인데, 그 진리를 외면하고 자기 욕심만 챙기는 길을 쫓아갑니다.

왜 예수를 믿어야 구원을 얻는다는 것입니까? 천지 간에 구원자는 오직 예수이기 때문입니다. 세상에 태어나 살아가고 있는 자는 모두 사망의 늪에 빠진 자요, 이웃은 물론 자기 자신마저 구원할 수 없습니다. 예수를 믿고 구원받은 자들도 구원받았다고 하여 남을 구원할 능력이 있는 것은 아닙니다. 물에 빠진 자는 물에 빠진 다른 사람을 건져내지 못하며, 물에서 건짐을 받은 사람도 물에 빠진 다른 사람을 구원해내지는 못합니다.

로마서 3장 10절은 "기록한바 의인은 없나니 하나도 없으며"라고 하였습니다. 모두가 죄인이고, 또 사함 받은 죄인들입니다. 이러한 자들에게는 인간을 구원할 능력이 없습니다. 다만 말씀이 육신이 되어 이 땅에 인간으로 오셨으며, 원초적으로 죄가 없으신 예수 그리스도만이 죽은 자를 살리는 능력의 구원자가 되십니다.

예수를 믿는다고 하여 어떻게 이미 죽은 자가 다시 살아난다는 것일까요? 이것은 분명 비이성적이요 불가사의한 말이지만, 내용 자체는 분명 좋은 소식이요, 곧 복음입니다. 믿어지지 않는 좋은 소식을 믿고 안 믿는 것은 자신의 선택이지 강요로 되는 것이 아닙니다. 다만 선택의 결과는 멸망이냐 영생이냐 하는 심판입니다. 이것이 천지만물을 창조하신 하나님의 우주 법칙이기 때문에, 나의 생사의 책임은 바로 나 자신에게 있다는 것입니다.

믿는 자에게는 영생의 은총이 주어질 뿐만 아니라, 세상에서 살아가는 일도 잘됩니다. 내가 원하는 대로 세상일이 잘되는 것이 아니라, 주님의 뜻에 따라 모든 일이 합력하여 선을 이루는 것입니다. 고난도 오지만, 그 고난은 선하신 주님의 뜻이 담긴 고난이며, 그 고난을 감당함으로써 주님께 영광을 돌리게 됩니다. 동시에, 믿는 자 각인에게는 신령한 은총이 주어집니다.

예수를 믿을 때에 비로소 영혼이 잘됨같이 범사가 잘되며 강건 해집니다. 나의 영혼이 잘됨같이 범사가 잘되고 강건해지기를 바라는 요한 사도의 기도(요삼 1:2)와 같이, 소원이 이루어집니다. 개인적으로도 그러하거니와, 국가적으로도 대체로 예수를 영접하고 받아들인 나라가 더 잘살고, 예수를 인정치 않고 받아들이지 않은 나라는 헐벗고 굶주리는 것을, 우리는 현실 세계에서 볼 수 있습니다. 소련이 그렇게 무너졌고, 북한이 비참하게 주리며 알려지지 않는 질병에 시달리는 것을 우리가 보고 있습니다. 예수를 믿었던 제정 러시아와 이전에 복음이 흥왕했던 이북이, 예수를 부인하고 있는 오늘날보다 훨씬 더 잘살았습니다.

세계에서 가장 잘살고 부강한 나라가 미국입니다. 미국의 돈, 화폐를 보면 'In God We Trust'(우리는 하나님을 믿는다)라고 쓰여 있습니다. 여기서 말하는 하나님은 예수 그리스도입니다. 인간 생활 수단의 대표적 수단인 돈을 믿는다고 하지 않고, 하나님을 믿는다고 그 돈에 쓰여 있습니다.

소(牛)를 하나님으로 믿는 나라 인도는, 인구는 많지만 결코 잘사는 나라가 아니며, 예술의 나라, 미술, 문학, 음악의 나라라는 프랑스도 그 사는 수준은 미국에 비할 바가 못 됩니다. 프랑스는 그 국토에 그 인구로, 지금보다 훨씬 더 잘살 수 있는 여건을 가진 나라입니다. 그들의 화폐에는 예술인의 상(像)이나 바이올린이 그려져 있습니다. 인간의 진정한 생명의 정서는 예술보다 영원한 생

명이신 그리스도 예수인 것을, 각자 자기 안에서 발굴해내는 것이
중요합니다.


어리석은 자는 그의 마음에 이르기를 하나님이 없다 하는도다 그들은
부패하고 그 행실이 가증하니 선을 행하는 자가 없도다 _시 14:1

이러한 백성은 복이 있나니 여호와를 자기 하나님으로 삼는 백성은
복이 있도다 _시 144:15

세상에서 가장 어리석고 불쌍한 사람은 하나님이 없다는 사람
이며, 하나님이 있다고 하면서도 하나님을 믿지 않는 사람입니다.
하나님을 믿어야 할 한 가지 이유가 더 있습니다. 그것은 내 인
생과 우주의 종말에 영생의 천국이냐 아니면 멸망의 지옥이냐 하
는 심판이 있다는 것입니다.

한 번 죽는 것은 사람에게 정해진 것이요 그 후에는 심판이 있으리니
_히 9:27

이 히브리서 말씀은 창세기 2장 16-17절에서 선악의 선택에
대한 자유의지를 부여하신 순종의 계명을 새롭게 계시합니다.
우리 인간이 한 번 죽는 것은 피할 수 없는 필연의 숙명이지만,

심판은 선택적인 것입니다. 내가 주님의 뜻, 즉 계명을 따라 선을 택하느냐, 아니면 주님의 구원의 뜻을 어기고 불신앙과 불순종의 길을 가느냐는 자기 선택에 달려 있으며, 자기 책임입니다. 독생자까지 보내 대속의 십자가를 지게 하시고, "믿어라 구원과 영생이 여기 있다" 하신 것을 거역한 결과에 대한 책임은 인간 자신에게 있다는 것입니다.

사랑의 하나님이 어찌 지옥을 만드시고 지옥 형벌을 위한 심판을 내리시겠습니까?

어떤 인텔리 여성이 그날 주일 설교가 끝난 다음 목사님께 항의를 했습니다. "하나님은 사랑이시요 용서의 하나님이시며, 일흔 번씩 일곱 번이라도 용서하라고 하셨는데, 어찌 그의 형상을 닮은 인간을 처참하게 끔찍한 지옥으로 보낸단 말입니까?"라며, 그날의 설교에 대하여 불만을 토로하였습니다. 하지만 하나님은 그저 용서하시는 것이 아니라, 그가 회개할 때 용서하십니다(눅 17:3). 세상에는 끝까지 회개하지 않는 자가 있기 때문입니다.

양지가 있으면 그늘이 있듯이, 천국이 있으면 지옥도 있습니다. 이것은 이 땅 위에서의 삶을 선하게 산 자와 악한 자에 대한 공의의 보상을 위한 것입니다. 만약에 심판이 없고 천국과 지옥이 없다면, 그리스도 까닭에 자기를 부인하고 온유하고 겸손하게 진리를 좇아 살아간 사람들은 무한 불공평하고 억울할 것입니다.

범사에 기한이 있고 때가 있습니다(전 3:1). 교회는 언제나 양팔을 벌리고 오냐오냐 하는 곳이 아닙니다. 교회는 예수님이 이 땅에 오셔서 피 흘려 세우신 교회에 찾아오는 자를 맞이하는 곳입니다. 결혼 잔치의 문은 항상 열려 있는 것이 아니리 언젠가는 닫힙니다. 그 잔치에 오려면 결혼 잔치의 문이 닫히기 전에, 열려 있을 때 들어와야 합니다.

하나님은 하나님을 마음에 두기를 싫어하고 끝까지 버티는 자들을 상실한 마음대로 내버려두고 유기하십니다. 그리고 아픈 마음으로 돌아오기를 기다리고 계십니다. 분명히 기회를 주셨습니다. 그러나 끝까지 돌아오지 않는 자들이 있기 때문에, 그들을 위하여 지옥이 예비되어 있는 것입니다.

지옥이 있다는 것을 믿지 않고 부인하는 자들도, 막상 그들에게 "지옥에 가라" 하면 성을 냅니다. 예수를 믿는다고 하면서도 교회에 잘 안 나오는 사람들이, 교회에 나오기는 하여도 말씀과 성도의 교제에 참여하지 않는 사람들이, 말씀을 듣고 주일 성수도 잘하지만 하나님의 말씀대로 행하지 않는 사람들이 여전히 건강하고 돈 잘 벌고 세상적으로 잘사는데도, 그런 사람들에 대해 하나님이 잠잠하시고 교회도 잠잠하니, 그런 사람들은 자기가 무사한 줄로 생각하고 그 마음이 편안합니다. 그러나 자기 마음이 편안한 것처럼 하나님의 마음도 편안한 줄로 생각하면 큰 오산입니다.

²¹네가 이 일을 행하여도 내가 잠잠하였더니 네가 나를 너와 같은 줄

로 생각하였도다 그러나 내가 너를 책망하여 네 죄를 네 눈 앞에 낱낱

이 드러내리라 하시는도다 <sup>22</sup>하나님을 잊어버린 너희여 이제 이를 생

각하라 그렇지 아니하면 내가 너희를 찢으리니 건질 자 없으리라

_시 50:21-22

저는 지난 9월 5일(수요일, 2001년) 킬린(Killeen) 온누리교회의 목사님이 고국을 방문하는 중이어서 설교 부탁을 받고, 한 시간의 설교를 위하여 왕복 600여 마일의 길을 다녀왔습니다. 그때 김옥선 집사가 거기에 있는 기도원에 가고 싶어 했었는데, 마침 내가 그곳에 가니 그 차편에 같이 좀 가자고 부탁해 와서 김옥선 집사를 뒤에 태우고 갔습니다. 김옥선 집사를 기도원에 내려 주고, 나는 그날 설교하기로 한 온누리교회로 갔습니다. 그날 수요예배에서, 나는 내가 하는 설교에서 많은 은혜를 받았습니다.

예배가 끝난 후, 온누리교회 목사관에 마련된 잠자리에 누웠지만, 잠이 쉽사리 오지 않았습니다. 이 밤에 내 양 한 마리가 내게 있지 않고 다른 장막에 있다는 것이 어찌 그리 서글픈지, 마치 내 양을 딴 곳에 버린 것 같은 마음이었습니다. 은혜 받는 일이라면 마땅히 내 곁에 와 있어야 할 양 한 마리가 따로 다른 목장에 가 있었으니까요. 하나님의 마음이 이런 것일까 하고 헤아리는, 깊은 은혜를 체험하였습니다. 작은 교회의 무명 목사 마음이 이러하거늘, 하물며 하나님의 마음은 어떠하실까요!

천국으로 향하는 영생에의 길에 모이시기를 간절히 부탁하고 바랍니다. 세상적인 일에 마음을 빼앗기지 말고, 천국 말씀의 잔치 자리를 중심으로 모이기를 바랍니다.

남의 말을 하는 것은 별식과 같다고 하였습니다(잠 26:22). 별식을 좋아하는 자들이 교회를 벗어나 사사로이 만나는 것입니다. 모여서 수군수군하고 남의 말을 하다가, 나중에는 교회와 목사에 대한 불평을 늘어놓고, 교회의 화평을 깨뜨리는 데까지 이르기도 합니다. 특히 우리 교회는 교인 수도 몇 명 되지 않으니 하나둘씩 따로따로 모이지 말고, 모두 같이 모여 성경 중심, 신앙 중심의 교제를 하시기 바랍니다.

인간적으로 모이는 것은 교회와 각자의 신앙에 덕이 되지 못하고, 교회에도 유익이 되지 못합니다. 길이요 진리요 생명이신 예수를 중심으로 모이고, 예수의 언어로 교제하며, 천국행 길을 열심히 달려가시기 바랍니다. 이것이 진정한 삶의 길이요, 천국과 영생으로 가는 지름길인 것을 마음속 깊이 새기시기를 간절히 바랍니다.

- 2001년 9월 1일(주일)

# 금할 법이 없는 그리스도인의 삶

갈라디아서 5:16-24

하나님의 형상과 모양을 따라 지음받은 최초의 사람 아담이, 하나님께서 금하신 선과 악을 알게 하는 나무의 실과를 따 먹음으로 불신앙과 불순종의 죄를 범하고 말았습니다. 아담이 하나님의 금령을 어겨 범죄하므로 그에게 주어졌던 하나님의 형상이 훼손되었습니다. '하나님의 형상을 따라 지음을 받았다' 하신 그 형상은 무엇일까요?

에베소서 4장 24절의 말씀에 따르면, 우리는 하나님을 따라 의와 진리의 거룩함으로 지으심을 받은 새사람을 입어야 합니다. 그런데 하나님의 형상인 의는 불의로, 진리는 비진리로, 거룩은 비천한 것으로 파손되고 말았습니다. 그리하여 범죄한 아담으로부터 태어나는 그 후예들은 모두 출생부터 죄의 성품을 타고서 죄인으로 태어나게 되었고(시 51:5), 또 이 타고난 성품과 선악을 아는 지혜가 자라가며, 스스로 죄를 지으면서 살아갑니다.

신학적으로는 나 스스로가 짓지 아니한 타고난 죄, 다른 죄의 원인이 되는 죄를 '원죄'라고 하며, 이 죄의 성품이 원인이 되어 스스로 짓는 죄를 '자범죄'라고 합니다. 하나님의 형상이 파괴된 사람들로부터 나오는 이런 것들은 복음서에 기록된 바와 같이 악한 생각과 음란, 도둑질, 살인, 간음, 탐욕, 속임, 음탕, 흘기는 눈, 훼방, 교만, 광패(마 15:18; 막 7:21-23) 등입니다. 아담의 후예인 우리는 모두 이같은 육신의 소욕의 죄에 종노릇하며 세상을 살아왔습니다.

의에 대하여 자유했다(롬 6:20)는 것은, 육신의 죄의 종노릇을 하며 살면서도 가책과 부끄러움 없이 오히려 그러한 것을 낙으로 즐기며 살아왔다는 뜻입니다. 그러다가 어느 날 내가 예수를 영접하고 그를 믿게 되면서부터 성령이 내 안에 임재하시고, 잃어버렸던 하나님의 형상, 곧 의와 진리와 거룩을 좇아 살고자 하는 성령이 역사하기 시작하였습니다. 그래서 이제까지 내 안에 자리하고 있던 육신의 소욕과 새로 들어온 성령의 소욕이 서로를 거스르며 대적하고 싸우게 되었습니다.

본문 갈라디아서 5장 말씀 중에서 16-18절은, 육체의 소욕은 성령을 거스르고 성령의 소욕은 육체를 거스르며 서로 대적함으로 서로 원하는 것을 못 하게 하니, 성령을 좇아 성령의 인도를 받으면 육체에 속한 죄를 짓지 않게 되며, 이로 인한 율법의 정죄도 면하게 된다고 말씀합니다. 이어서 19-21절에서는 성령의 소욕을 거스르는 육체의 일에 대하여 이렇게 말합니다.



하나님 나라를 유업으로 받지 못하게 하는 열다섯 가지를 말하며, 그와 같은 것들이 분명하다, 곧 현저(顯著)하다는 것입니다. 이 말은 영어에서 obvious, evident라는 단어로, '뚜렷하다, 명백하다'는 뜻입니다. 원어인 헬라어는 '명백하다'라는 뜻 외에 '시위하다, 나타내 보이다'라는 뜻도 있어서, '힘이 강하다, 힘이 있다'라는 의미가 됩니다.

운동경기장에서 눈에 잘 띄는 선수는 유니폼이 색다르거나 등번호를 크게 써 붙여 잘 보이는 선수가 아니라, 경기력이 강하며 민첩하고 기량이 풍부한 선수입니다. 이와 같이 육체의 일들은 힘이 강하여 현저하지만, 성령의 인도를 받아 행하면 육신의 죄의 법 아래 있지 않게 된다고 하면서, 22-23절에 가서는 아홉 가지 성령의 열매를 말씀합니다. 우리가 유년주일학교 시절부터 배워 온 아홉 가지 열매입니다.



> 22오직 성령의 열매는 사랑과 희락과 화평과 오래 참음과 자비와 양선과 충성과 23온유와 절제니 이같은 것을 금지할 법이 없느니라
>
> _갈 5:22-23

금지할 법이 없다는 것은, 육체의 일이 현저하다 할지라도, 다시 말하면 육체의 일들이 힘이 강하다 할지라도 성령의 열매를 맺지 못하게 할 수 없다는 뜻입니다.

그리스도인이 성령의 열매를 맺는 신령한 삶을 육체의 일들이 방해할 수 없습니다. 그러니 그리스도를 믿는 사람들, 성령을 안에 모시므로 내면에 성령이 거하는 사람들은 반드시 성령의 열매를 맺고 살아야 한다는 명제적인 선언입니다. 고로 이 말씀은 잠언이 아니라 명령입니다. 이에 대하여 로마서 7장 19-25절에 기록된 사도 바울의 고백을 들어 봅시다.

> 19내가 원하는 바 선은 행하지 아니하고 도리어 원하지 아니하는 바 악을 행하는도다 … 22내 속사람으로는 하나님의 법을 즐거워하되 23내 지체 속에서 한 다른 법이 내 마음의 법과 싸워 내 지체 속에 있는 죄의 법으로 나를 사로잡는 것을 보는도다 24오호라 나는 곤고한 사람

내 안에 있는 육체의 소욕이 성령의 소욕보다 강하여, 내가 죄의 법 아래, 즉 심판의 자리로 사로잡혀 가고 있는데, 이 죽음의 심판 아래로 끌려가고 있는 나를, 과연 누가 구원해 줄 것인가 하는 처절한 절망이요 탄식의 고백입니다.

사로잡아 간다는 것은 그냥 끌고 간다는 정도가 아니라, 경찰이 범인을 잡아가듯이, 전쟁터에서 포로들을 사정없이 잡아가듯이, 육의 소욕의 세력이 성령의 소욕을 가진 나를 잡아끌고 간다는 것입니다. 여기에서 '곤고하다'는 '피곤하다, 지쳤다' 이러한 뜻이 아니라 영어로 miserable, wretched, 즉 '비참하다, 불행하다'라는 뜻으로, 사도 바울이 자신의 비참한 영적 상태를 비탄하고 있는 것입니다. 그는 이러한 자기를 구원해 줄 자가 없어서 비탄에 젖어 절망하고 있습니다.

우리의 상식적인 생각으로는 성령의 소욕이 단연 육체의 소욕을 억누르고 성결한 삶을 살 수 있어야 할 것인데, 이와는 반대로 오히려 성령의 소욕이 육체의 소욕의 세력에 이끌려 죄와 사망으로 가고 있다고 절망하고 탄식했던 바울 사도는, 25절에서 "우리 주 예수 그리스도로 말미암아 하나님께 감사하리로다"라고 고백합니다. 무엇이 어떻게 하여 바울을 감사하게 했는지에 대해, 본 로마서 7장에서는 해답을 주지 않습니다. 그 해답, 즉 육체의 현저한 일들을 제압하고 성령의 열매를 맺어 하나님께 감사하기 위한 해답이 바로 본문의 갈라디아서 5장 24절 말씀입니다.

> 그리스도 예수의 사람들은 육체와 함께 그 정욕과 탐심을 십자가에 못 박았느니라 _갈 5:24

그리스도의 사람, 즉 성령의 인도함을 따라 하나님의 형상인 의와 진리와 거룩의 삶을 살고자 하는 사람은 그 육체와 정과 욕심을 십자가에 못 박았다는 것입니다. 온갖 추하고 더러운 정욕의 근원이 되는 육체를 십자가에 못 박으면 자연히 그로부터 나오는 정과 욕심도 사라지게 됩니다.

그렇다면, 그리스도인이 언제 어떻게 그 육체와 정과 욕심을 십자가에 못 박았다는 것입니까?

> 내가 그리스도와 함께 십자가에 못 박혔나니 그런즉 이제는 내가 사는 것이 아니요 오직 내 안에 그리스도께서 사시는 것이라 이제 내가 육체 가운데 사는 것은 나를 사랑하사 나를 위하여 자기 자신을 버리신 하나님의 아들을 믿는 믿음 안에서 사는 것이라 _갈 2:20

아주 중요한 구절입니다. 전적으로 자기 존재와 생명을 부인하는 고백이요, 그리스도인으로서 거듭난 자기정체성을 검증하고 확인하는 고백입니다. 이 말씀은 문장을 풀이하고 해석하여 받아들이는 것이 아니라, 성령의 역사와 감동으로 깨닫고 수용되어야 하는 것입니다.

신약성서의 로마서와 갈라디아서는 화롯불을 가슴에 품는 것과 같은 뜨거움을 줍니다. 하나님께서 사랑하시는 성도 여러분, 이 시간 성령의 도우심으로 이 말씀의 은혜에 도달하시기를 바랍니다.

'내가 그리스도와 함께 못 박혔다'라는 이 말씀은, 하나님께서 우리를 구원하기 위하여 보내신 아들 예수께서 내 죄를 지고서 나 대신 십자가에 못 박혀 죽으심으로, 내 죄가 사(赦)해지고 나는 살았다는 것입니다. 이를 위하여 예수님이 십자가에 못 박혀 죽으셨으나, 부활하였다는 것을 믿으면 그 믿음으로 내가 십자가에 못 박힌 것이 되며, 구원의 생명을 얻은 신적(神的)인 은총을 입게 됩니다. 그 믿음이 곧 내가 십자가에 못 박힌 것이며, 내가 구원받은 것이고 내가 산 것이며, 곧 생명입니다.

마태복음 16장 24절에서 "누구든지 나를 따라오려거든 자기를 부인하고 자기 십자가를 지고 나를 따를 것이니라"라고 하셨는데, 나를 부인하는 것은 아주 작은 나의 유익과 욕심에서부터 크게는 생명의 부인까지를 말합니다. 주를 위하여 목숨을 잃는 자는 얻을 것이요, 자기를 위하여 자기 생명을 구하려는 자는 잃게 된다는 말씀의 연장입니다. 이것이 하나님의 형상을 좇아 살고자 하는 원리입니다.

사도 바울은 그의 마음속에 성령을 거스르는 한 법이 있음을 깨달아 알았습니다. 그로 인하여 선을 행하기를 원하는 자기가 오히려 육의 세력인 사망으로 이끌려 가고 있음을 발견하고 절망하고 탄식했습니다. 그의 절망과 탄식은 소망이 있는 절망이요 탄식이었습니다. 그리스도 예수와 함께 그 자신이 십자가에 못 박혀야 할 것임을 깨달았기 때문입니다. 그는 육신의 소욕에 이끌려 간 곤고한 자였으나, 소망을 이룬 복 받은 사람이었습니다.

이 위대한 사도 바울에 비추어, 우리는 우리 자신을 어떻게 얼마나 알고 있습니까? 우리들의 일상생활 가운데서 성령의 소욕이 육신의 소욕에 순간순간 사로잡혀 가고 있다는 사실을 알고 있는지요? 내가 내 육체를 예수와 함께 십자가에 못 박아야 했을 일들을 알고 있는지요? 내가 곤고한 자인지 아닌지를 알고 있는 것일까요?

철인(哲人) 소크라테스는 말하기를, "너 자신을 알라"라고 했습니다. 자신을 아는 일은 지극히 중요합니다. 내가 나 자신을 모르면 내가 앉고 일어선 자리를 모르고, 무엇을 먹으며 어디로 가고 누구를 만나야 하며, 무슨 말을 해야 할지를 모릅니다. 《손자병법》에 지피지기(知彼知己)라는 병법 용어가 있습니다. 아무리 상대방을 잘 알고 있다 할지라도 자기 자신을 알지 못하면 그 전투는 승산이 없다는 것입니다.

호세아 4장 6절은 "내 백성이 지식이 없으므로 망하는도다"라고 하였습니다. 모든 지식 중에 가장 소중한 지식은 하나님에 대한 지식과 자기 자신에 대한 지식입니다. 나 자신에 대한 지식과 하나님에 대한 지식 이상으로 소중한 것은 없습니다.

우리는 하루에 적어도 한두 번 이상 거울을 들여다봅니다. 자신의 모습을 알기 위해서입니다.

지난 9월 첫 주에 사라회의 요청으로 사라회 월례회에서 말씀을 전했습니다. 말씀을 마치고 집에 가려고 본당 계단을 내려가는데, 계단 아래 서 계시던 박남식 장로님께서 "주 목사님, 얼굴에 무엇이 묻었습니다. 닦으셔야겠습니다" 그러셔요. 화장실에 가서 얼굴을 거울에 비춰 보니, 얼굴 한가운데 커다란 콧물이 묻어 있었습니다. 요즈음 알레르기가 도져서 재채기를 자주 했는데, 아마 그때 콧물이 튀어나와 얼굴에 묻은 것 같았습니다. 사라회에서 말씀을 전하고 내려오는 길이었으니, 말씀을 전할 때도 콧물이 묻은 얼굴이었을 것 같아요. 멋쟁이 사라회의 숙녀들 앞에서 콧물 묻은 얼굴로 설교했을 것을 생각하니 참으로 얼굴이 화끈거렸습니다. 오늘 1부 예배 때에 말씀을 전하면서 김현정 권사님께 물어 보았더니, 그때는 콧물이 묻어 있지 않았다고 해서 다행이었습니다.

어느 청년이 야심한 밤에 부잣집 담을 넘어 들어갔습니다. 모두 곤히 잠든 틈을 타서 금품과 귀중품들을 훔친 다음, 현관을 통하여 빠져나가려고 현관 쪽으로 갔습니다. 밤도둑은 대개 담을 넘어

들어가서 현관으로 나온다고 합니다. 그런데 현관 쪽에서 어떤 물체가 얼씬거리는 것입니다. 정신이 바짝 든 도둑이 장갑 낀 손에 단도를 들고서 움직이는 물체에 접근해 보니, 그것은 현관에 걸려 있는 대형 거울에 비친 자신의 모습이었습니다. 강도가 검은 복면에 검은 장갑을 끼고서 칼을 움켜쥔 채, 왼손에는 훔친 물건 자루를 들고 있는 자신의 모습을 본 것입니다. 평소에 거울 앞에서 보이던 선량했던 모습은 사라지고, 흉악한 강도로 변한 자신의 모습에 마음이 찔려, 자기가 쓰고 있던 검은 복면과 장갑과 칼, 그리고 훔친 물건을 전부 그 자리에 놓아두고, 그 집을 빠져나와 회개하고, 예수를 믿고 새사람이 되었다고 합니다.

우리는 모두 거울 앞에 서서 자신의 모습을 살펴봅니다. 그러나 거울을 통해서는 내면을 알 수 없습니다. X-ray나 MRI나 CT 촬영을 통해 몸속의 질병을 알아낼 수는 있겠지만, 나의 내면의 실상은 알아낼 수 없습니다. 공항의 검색대 앞을 지나갈 때, 거기에 설치된 투시기에 의해 내 몸에 지닌 작은 손톱깎이는 찾아낼 수 있겠지만, 내 마음속에 품은 큰 칼은 찾아낼 수 없습니다.

인간이 자기 생명의 진면모를 알기 위해서는 창조주이신 하나님 앞에 서야 합니다. 하나님은 생명의 거울이시요, 말씀이 육신이 되신 예수 그리스도이시며, 그 말씀입니다.

하나님이 우리의 모든 것을 아십니다. 열왕기상 8장 39절은 주께서 각 사람의 마음을 아시며, 홀로 인생의 마음을 아신다고 했습니다. 시편 139편 1-4절은 "여호와여 주께서 나를 살펴보셨으므로 나를 아시나이다 주께서 내가 앉고 일어섬을 아시고 멀리서도 나의 생각을 밝히 아시오며 나의 모든 길과 내가 눕는 것을 살펴보셨으므로 나의 모든 행위를 익히 아시오니 여호와여 내 혀의 말을 알지 못하시는 것이 하나도 없으시니이다"라고 말씀합니다. 욥은 자신도 모르는 길을 오직 하나님만이 아신다고 고백하였습니다.

예수님이 사역 초기에 제자들을 부르실 때에, 빌립이 나다나엘을 데리고 예수께로 나아왔습니다. 예수께서 나다나엘이 자신 앞으로 나아오는 것을 보시고 "보라 이는 참으로 이스라엘 사람이라 그 속에 간사한 것이 없도다"라고 하셨습니다. 예수님이 생면부지인, 처음 보는 나다나엘의 속까지 들여다보고 하시는 말씀을 나다나엘이 듣고서 묻습니다. "선생이여, 저를 이전에 본 일도 없는 선생께서 어떻게 내 속까지 들여다보고 그렇게 말씀하십니까?" 그러자 예수님이 "빌립이 너를 부르기 전에 네가 무화과나무 아래에 있을 때에 보았노라"(요 1:48)라고 말씀하십니다.

말씀이 육신이 되어, 어두운 세상에 빛으로 오신 그리스도의 말씀 또한 우리 인간들의 생명의 거울입니다.


하나님의 말씀은 살아 있고 활력이 있어 좌우에 날 선 어떤 검보다도 예리하여 혼과 영과 및 관절과 골수를 찔러 쪼개기까지 하며 또 마음

하나님의 말씀이 우리 인생의 깊은 네까지 통찰하게 하는 거울입니다. 하나님의 말씀에 내 인생의 내면을 비추어 보아야 진정한 나의 내면을 알 수 있습니다. 호세아 4장 6절에서 "나의 백성이 지식이 없어 망한다"고 하였고, 12절에서 또 이렇게 말씀합니다. "내 백성이 나무에게 묻고 그 막대기는 그들에게 고하나니."

일간지나 주간신문들을 보면, 뉴욕시 일원에 운명도사도 많고 예언자도 많습니다. 손금을 보거나 점성술로 운명을 점쳐 주는 데가 많은 것 같습니다. 그러나 그 모든 것이 헛됩니다. 자신의 운명을 알기 위하여, 오로지 하나님의 말씀 앞에 서기를 바랍니다.

어느 마을에 모범 청년이 있었습니다. 그는 성실하고 예의 바르고 교양 있는 회사원으로, 사람들의 칭송을 받았습니다. 그런데 어느 날, 그 청년의 이웃에 홀로 살고 있던 젊은 미모의 여인이 그 마을의 돈 많은 부자에 의하여 추행을 당하는 사건이 발생하였습니다. 그래서 그 마을의 희망이라고 할 수 있는 그 청년이 부자를 붙잡아 끌어다가 마을 사람들의 앞에 세우고, "이같이 부도덕하고 파렴치한 사람은 이 마을의 질서를 위하여 당장 마을에서 쫓아내야 한다"라고 앞장서서 성토하였습니다. 평소에 점잖고 돈 많은 부자는 겉으로 드러나 숨길 수 없는 허물 때문에 더 이상 그 마을에서 살 수 없어 어디론가 떠나고 말았습니다.

부도덕한 부자 양반을 규탄하고 쫓아내는 데 앞장섰던 청년은 교회에 다니고 간음하지 말라는 제7계명도 잘 아는 기독교 신자였습니다. 그런데 그가 어느 날 성경을 읽는 중에 "음욕을 품고 여자를 보는 자마다 마음에 이미 간음하였느니라" 하는 마태복음 5장 28절을 읽었습니다. 청년은 평소 품행이 방정하였으나, 사실 그 옆집 여자를 볼 때마다 음욕을 품어 왔고, 또 기회 있을 때마다 담 너머로 그 여자의 여러 가지 모습을 훔쳐보며 정욕을 즐겨 왔습니다. 성추행을 저지른 사람을 쫓아내는 데 당당하게 앞장섰던 청년은 이제까지 몰랐던 하나님의 말씀을 읽고, 자기 내면의 수치스럽고 추한 죄를 깨닫고서 회개했다고 합니다. 사람들 앞에서는 순결했으나, 하나님 앞에서는 추함이 드러났습니다.

심판은 사람이 하는 것이 아닙니다. 하나님이 하시는 것입니다. 내가 성령의 열매를 맺기 위하여, 그리스도와 함께 내 육체와 정과 욕심을 십자가에 못 박으려면, 말씀 앞에 나 자신을 비추어 보아야 합니다. 성경의 모든 말씀이 내 생활의 모든 측면을 비추게 해야 합니다. 그리스도인들은 떡으로만 살 것이 아니기에, 하나님의 입으로 나오는 모든 말씀을 내 몸에 채워야 합니다. 규칙적으로 분량을 정하여 말씀을 읽고 묵상하고, 기도에 힘써야 할 것입니다. 내가 오늘 해 아래서 내 육체를 십자가에 못 박았어야 할 일은 없었는지 비추어 볼 말씀을 먹고 있어야 합니다.

사도 바울은 고린도전서 15장 31절에서 "나는 날마다 죽노라"

라고 고백했습니다. 그것은 날마다 자신을 십자가에 못 박았다는 뜻입니다. 왜 날마다 못 박아야 합니까?

농부가 논이나 밭에 씨를 뿌리고 추수 때끼지 계속하여 김을 매고 잡초를 뽑습니다. 우리의 거듭난 영혼에도 잡초는 수시로 돋아나 자랍니다. 이 영혼의 잡초는 우리 자신도 모르게 돋아나 자라고 성령의 소욕을 거스릅니다. 그러므로 우리는 벽에 걸린 거울을 수시로 들여다보듯이 시시때때로 말씀의 거울에 나의 내면을 비추어 보고, 돋아난 육체의 소욕을 십자가에 못 박아야 합니다. 그러지 않으면 육체의 현저한 일들에 거슬려서 성령의 열매를 맺지 못하게 됩니다.

여러분, 경건에 게으르지 말기를, 경건에 힘쓰시기를 바랍니다. 육체의 현저한 일에 이끌려 가지 마시기를 바랍니다. 예수님 앞에서 깨어 있어서, 의와 진리와 거룩함으로 천국에 이르기까지, 살아 있고 운동력 있는 말씀 앞에서 주님의 형상을 따라가는 승리의 삶을 사시기를 간절히 바랍니다.

- 주일 설교, 든든한교회

# 인생 항해



아마 여러분 중의 대부분은 보트나 나룻배나 연락선 같은, 바다 위를 달리는 배를 타 본 경험이 있을 것입니다. 배들이 떠다니는 바다가 평온하고 고요할 때는 항해가 즐겁고 상쾌하나, 바다에 풍랑이 일고 파도가 치면 그 항해는 고통스럽고 불안하며, 심하면 파선하는 경우도 있습니다.

세상은 우리 인생에 대하여 바다와 같고, 우리 인생은 그 세상에 대하여 배와 같다고 말할 수 있습니다. 이러한 우리 인생의 항로에는 여러 가지 곡절이 연달아 일어납니다. 모든 일이 형통할 때가 있는가 하면, 중요한 승진 시험에 떨어지기도 하고, 사업에 실패하기도 하며, 가정이 파탄에 이르고, 믿었던 친구의 배신으로 모든 것이 수포가 되기도 합니다. 뜻하지 않았던 육신의 질병, 불의의 재난 등으로 절망하고 낙심하며 고통을 당하기도 합니다.

한세상을 살아가는 동안 곡절 많은 인생의 바다를 헤쳐가면서, 아마 성공하는 경우보나 실패하는 경우가 더 많지 않을까 하는 생각이 들기도 합니다. 작은 성취에 만족하고 우쭐하다가 하찮은 실패에 크게 낙심하는 우리 인간들은, 한 번 죽을 수밖에 없는 숙명을 안고서도 조금 더 잘 살아 보려고 온갖 수고와 노력을 다합니다. 그런데 그들이 그토록 애쓰고 수고하며 노력하는 '잘 살아 보겠다'라는 내용을 들여다보면, 재물과 명예, 권세, 이런 것들을 마음껏 누려 보려는 것이 고작입니다. 재물, 명예, 권세, 이런 것들은 결국 다 흔적도 없이 사라져 없어지고 말 것들인데도, 그것들을 위하여 그토록 필사의 노력을 다합니다.

전도서 3장 11절을 보면 "사람들에게는 영원을 사모하는 마음을 주셨느니라"라고 하였는데, 이 영원을 사모하는 마음은 썩어 없어지고 말 것들과 현실적이고 육적인 유익을 좇는 마음의 뒤편에 언제나 내밀려 있습니다. 이러다 보니 죽음 뒤에 이어져야 할 영원의 생명은 챙길 겨를도 없이, 파멸의 심판의 뒷길목에 밀려나 있습니다.

육로를 달려야 하는 자동차나 기차는 그 차들이 달려야 할 길이 있고, 바다 위에 뜬 배도 그 배가 가야 할 뱃길이 있으며, 공중을 나는 비행기도 보이지는 않지만 날아가야 할 항로가 있습니다. 우리가 영원한 생명을 원한다면, 이처럼 우리 인생들에게도 영원으

젊은 시절의 주진경 목사.

로 가는 인생의 길이 있습니다. 그 길이 곧 길이요 진리요 생명이신 예수 그리스도입니다.

몇 년 전에 뉴욕에서 저와 같은 교회를 섬기던 분이 차를 새로 샀는데, 그 차를 산 지 얼마 되지 않아 남미 브라질에 선교사로 떠나게 되었습니다. 그래서 LA에 있는 자신의 딸에게 새 차를 가져다 주기로 하고, 뉴욕에서 LA까지, 곧 미국의 동쪽 끝에서 서쪽 끝까지 미 대륙을 횡단하여 가기 위해 지도를 펼쳐 놓고 이정표를 만드는 것을 보았습니다. 무슨 길을 따라 얼마큼 가서 어디서 자고 하면서요. 한 나라 안에서 이 도시에서 저 도시로 옮겨 찾아가는 데도 지도를 펴놓고 길을 찾아가는데, 하물며 인생의 바다를 건너가는 데에서야 더 말할 나위가 없습니다. 가는 길을 정하고,

그 길을 따라가야 할 것은 너무나도 중요하고 지극히 당연한 일입니다.

뉴욕에서 LA까지 갈 때 지도를 보고서 출발부터 옳은 길에 들어서면, 그 긴 여행에 낭비가 없고 피로와 손실이 적습니다. 그러나 처음부터 길을 잘못 들어서면 많은 손실과 낭비와 수고가 뒤따릅니다. 우리 인생도 첫출발에서 옳고 좋은 길로 들어서야 좋은 결과를 얻을 수 있습니다. 그 첫출발은 내가 인생의 심각한 문제를 깨닫는 시점입니다. 천국과 영생이냐, 아니면 지옥과 파멸이냐, 두려움이냐 평강이냐의 문제를 깨닫는 그 순간인 것입니다.

우리가 흔히 하는 말 가운데 "첫 단추를 잘 끼워야 한다. 첫 단추를 잘못 끼우면 마지막 단추를 낄 구멍이 없다"라는 것이 있습니다. 첫출발이 잘못되면 결과가 무산되고 말며, 헛된 인생이 되고 만다는 것입니다. 이 말은 독일의 시성(詩聖) 괴테가 한 명언으로 유명합니다.

우리가 인생을 성공적으로 살려면 예수로부터 시작하여 예수로 끝나야 합니다. 그것이 진정으로 복된 인생입니다. 모든 인생사가 하나님이 주신 양심과 믿음으로 시작하여, 그 길을 따라가면 하나님이 그 끝을 보장하시지만, 믿음으로 살겠다고 한 사람이 변하여 그 양심과 믿음을 버리면, 그 믿음은 파선당하고 만다는 것이 본문 디모데전서 1장 19절의 말씀입니다.

배가 파선당하고서야 어찌 건너편 언덕에 도착할 수 있겠습니까? 금년 2001년의 새 아침을 맞아 송구영신예배를 드릴 때에, 여러분 모두가 각자 마음속에 올해에는 정말로 말씀 묵상과 기도와 주일 성수와 교회 봉사와 전도 등등, 믿음으로 잘 살아서 하나님께 영광 돌리고, 복을 받겠다고 다짐하며 출발했을 것입니다. 사업에서도 이제는 물질적인 유익에만 몰두하지 않고 하나님의 뜻과 성경의 원리에 따라 경영하고, 하나님의 영광을 드러내기 위하여 노력하겠다고 다짐하며 시작했을 것입니다.

정녕 이 한 해를 시작할 때의 믿음과 양심을 버리지 않고 인내로 주님을 의지하고 나아가면, 이 한 해 동안 인생의 배는 절대로 파선되지 않을 것이며, 항해를 마치고 건너편에 닿을 때 만선의 소득을 가지고서, 마지막 단추를 맞추어 끼울 수 있을 것입니다. 시작은 미약하나 종내(終乃)는 창대해질 것입니다. 작은 믿음으로 시작하였으나 연단을 통하여 내 믿음이 든든해지고, 마침내 창대한 성공을 거둘 것이라는 말입니다.

욥기 23장 10절의 말씀을 여러분은 아실 것니다.

*… 내가 가는 길을 그가 아시나니 그가 나를 단련하신 후에는 내가 순금같이 되어 나오리라* _욥 23:10

이 말씀은 고통 중에 있는 욥의 고백입니다. 내가 가는 길을 오직 그가 아시나니…. 나의 길, 내 인생, 내 생명, 나의 가정, 나의 사업, 나의 학문, 그 밖에 나와 관계되는 모든 것이 가는 길을 다른 사람은 아무도 모릅니다. 다른 사람들이 이러쿵저러쿵, 이렇게 말하고 저렇게 말하고 님의 일을 점칩니다만, 내가 가는 길은 오직 하나님만이 아십니다.

내가 가는 길을 왜 하나님만이 아실까요? 나도 알 텐데…. 그러나 '내가 가는 길'은 내가 정한 길이 아니라 하나님이 정하신 길입니다. 그러기에 내가 가는 길은 오직 주님만이 아십니다. 그런 길을 부족한 내가 가는 것입니다. 고로 하나님의 연단이 필요합니다. 나는 이 길에서 연단을 통하여 정금같이 되는 것이지요.

내가 한 해를 시작할 때에 가졌던 양심과 믿음의 길이 변할지 변하지 않을지, 이것마저도 나 자신은 알 수 없습니다. 그러나 주님은 내가 어떻게 될지를 미리 다 아시고, 행여 내가 양심을 버리고 믿음이 변할까 하여, 나를 이렇게 연단하고 저렇게 연단하십니다. 고통의 터널을 지나게 하시고 때로는 눈물을 흘리게 하사, 결국은 내가 순금같이 되어 파도치는 뱃길을 건너, 나의 마지막 단추의 피날레를 빛나게 장식할 것입니다. 고쳐 말하면, 내가 심한 고통을 당하더라도 내 신앙을 지켜, 끝내는 하나님이 주시는 복을 누리겠다는 신앙 의지에 찬 결단의 고백입니다.

시작은 믿음으로 좋을 수 있습니다. 그러나 시간이 지남에 따라 주변 요소가 바뀌고 거침돌이 나타나, 처음에 가졌던 믿음에 대한 양심이 변합니다. 그러면 그 믿음은 무너집니다. 믿음이 파선합니

다. 배가 파선하면 어찌 바다를 건널 수 있겠습니까? 바다를 못 건
너고 표류하다 침몰하고 맙니다. 고로 욥은, 그가 신앙 양심을 지
켜 주님의 연단을 받고서라도 굳은 믿음의 사람으로 살겠다고 고
백하는 것입니다. 여러분이 어려움을 당하여 고난을 겪는다면, 이
욥을 생각하시기를 바랍니다.

믿음에 대한 양심은 중요합니다. 내 믿음에 대한 양심이 뚜렷하
고 투철하지 않으면, 그 믿음은 부스러지기 쉽습니다. 대부분의
사람들이 믿음을 앞장세워 말하기는 합니다. 사업도 믿음으로 한
다, 장사도 믿음으로 한다, 친구와의 교제도 믿음으로 한다, 무엇
도 믿음으로 하고 또 무엇도 믿음으로 한다, 이렇게 모든 것을 믿
음으로 한다고 합니다만, 사실상 믿음이 아닌 것이 많습니다. 아
무리 믿음으로 한다고 말하고 있더라도, 실제로 보면 그렇지 않은
것이 많습니다. 이러한 믿음에 대한 양심을 회복하지 않으면, 그
믿음은 파선하는 것입니다.

여러분이 잘 아는 명작 장편소설 《레 미제라블》(Les Misérables)은
비정하고 가혹한 사회의 박해와 멸시와 외면 속에서, 비꼬인 양심
으로 거짓된 평안을 누리던 영혼이 양심을 되찾음으로써 성취한,
빛나는 인간 승리를 그린 소설입니다.

이 소설의 주인공 '장 발장'은 주린 배를 쥐고서 거리의 빵가게
에서 빵 한 개를 훔친 것이 발단이 되어, 20년간의 긴 세월 동안
감옥살이를 합니다. 그는 출옥한 후 이름을 바꾸고, 열심히 일하

고 덕을 쌓아 주위의 신망을 얻으며 선한 일을 많이 하고, 정계에 투신해 시장이 되기까지 하였습니다. 그는 과거에 처벌되지 아니한 죄를 숨기고, 모든 사람의 신뢰와 칭송과 존경을 받으며 편안한 삶을 살아갔습니다. 세상적으로 성공한 것입니다.

그런데 어느 날, 그는 한 신문 기사를 보았습니다. 그가 이전에 살던 도시에서 어떤 사람이 절도죄로 잡혔는데, 지난날에 자취를 감추고 도망가 버린 장 발장으로 오인받고 있었습니다. 경찰 당국에서는 절도죄로 잡힌 그를 장 발장이라고 단정하고, 장 발장이 이전에 저지른 모든 죄를 그에게 문책하여 중형에 처하였다는 내용이었습니다. 엉뚱한 사람한테 "네가 장 발장이다. 그전에 이런 죄도 짓고 저런 죄도 짓지 아니하였느냐? 그동안 어디에 숨어 있다가 다시 또 이곳에 나타났느냐? 네 죄를 인정하라"고 하며 억지로 고문을 하니, 그가 참지 못하고 자기가 그때의 장 발장이라고 거짓 자백을 하고 무거운 형벌을 받게 된 것입니다. 오랫동안 잡지 못하고 있던 범인이 붙잡혀 재판을 받고 중형을 살게 된 것에 대하여, 신문마다 대서특필로 보도하고 있었습니다.

이 기사를 본 장 발장은 고민했습니다. 그는 지금 신뢰와 존경을 받는 시장으로서 편안하게 살고 있고, 과거의 그를 아는 사람은 아무도 없습니다. 그러나 이대로 살자니 양심이 괴롭고, 이 사실을 털어놓자니 창피하고 수치스러울 뿐 아니라, 다시 형벌을 받아야 합니다. 그는 고뇌로 한밤을 지새웠습니다. 청산되지 않고 숨겨진 과거의 허물에 대한 양심이 되살아난 것입니다.

'나는 시장인데… 누구를 위한 시장인가? 나 자신을 위한 시장인가, 시민을 위한 시장인가? 시민의 안녕질서를 유지하고 복지를 위한 시장인 내가, 다른 사람이 내 죄를 지고 무고한 고통을 당하는 것을 어찌 모른 척하고, 양심을 속이고서 보고만 있을 수 있단 말인가?'

밤새도록 번민하던 장 발장은 새벽에 정장을 차려입고, 마차를 달려 재판소로 갔습니다.

"재판장이여, 내가 장 발장입니다. 그 사람에게 씌운 죄는 모두 내가 한 짓들입니다. 나를 벌하고 저 무고한 사람을 놓아주시오! 나는 벌을 받아 마땅하지만, 저 사람은 무죄합니다."

소설의 이야기입니다만, 이것이 어찌 쉬운 일이겠습니까? 매우 어려운 일입니다. 그러나 장 발장은 버렸던 양심을 되찾고, 그 양심의 명령에 순종하였습니다. 그의 인생의 마지막 부분을 참으로 멋지게 마무리했습니다. 인생의 끝 단추를 잘 끼운 것입니다.

양심…. 내가 하나님께 고백한 믿음에 대한 양심, 하나님 앞에서 믿음으로 결심한 모든 일에 대한 양심, 내 아내와 남편에 대한 양심, 내 자녀들과 형제, 이웃 간에 대한 양심 등, 이러한 편편(片片)의 양심들을 버리면 아무리 "믿습니다"를 크게 외치고 수없이 되풀이한다 하여도, 그것은 파선된 믿음인 것입니다.

세례가 무엇입니까? 세례에는 (성부와 성자와 성령의 이름으로) 물속에 잠겼다가 나오는 침례식 세례와, (성부 성자 성령의 이름으로) 머리에 손으로 물을 뿌려 적시는 방식의 세례가 있습니다. 의미상으로는 그리스도 안에서 옛 자아가 죽고 새로운 자아로 거듭난다는 의식 행위요, 이제까지 세상 것을 믿고 의지하여 살아왔으나 이제부터는 예수를 믿고 살기로 결심한 것이며, 그 증표로 세례의식을 베푸는 것입니다.

그러나 세례에 대하여 한 가지 더 중요한 것이 남아 있습니다. 그것은 보다 현재적이며 미래지향적인, 선한 양심의 문제입니다. 베드로전서 3장 21절입니다.

물은 예수 그리스도께서 부활하심으로 말미암아 이제 너희를 구원하는 표니 곧 세례라 이는 육체의 더러운 것을 제하여 버림이 아니요 하나님을 향한 선한 양심의 간구니라 _벧전 3:21

선한 양심이란 그리스도의 대속의 은총을 입은 자로서 그 은총을 깨닫고 감사하며 응답하는 마음입니다. 즉, 행동하는 마음입니다. 불신자가 진리를 깨닫고 주께로 돌이키는 마음입니다. 돌이킨 내가 이제부터는 주님의 말씀을 듣고 주님의 영광을 위하여 정직하고 의롭게 살겠다는 마음, 주님의 말씀과 법도를 따라 살겠다는 마음, 불쌍하고 가난한 사람을 위하여 살겠다는 마음, 하나님이 내리신 모든 명을 지키며 살겠다는 마음, 내 이웃을 내 몸과 같이 사랑하겠다는 마음, 겸손하고 온유하게 살겠다는 마음 등, 이러한 마음을 가지고 저 높은 곳에 계시는 하나님을 찾아가는 것입니다. 하나님을 향하여 간다는 것은 이 모든 고백된 양심을 실천하는 것 입니다.

아무리 여러 가지 선한 양심을 내 안에 간직하고 입으로 고백할 지라도, 이를 행하지 않으면 하나님은 만나 주시지 않습니다. 마지막 단추를 끼울 구멍이 없는 것입니다. 고로 세례는 어느 한 시점의 감정적이고 의식적인 사건이 아니라, 회개를 동반하여 정상(頂上)을 향하는, 전향적이며 동적인 사건인 것입니다.

회개란 무엇을 의미합니까? 예수를 믿지 않던 사람이 믿는 사람으로 방향을 전환하는 것입니다. 믿는 사람이 죄를 지었다면 깨닫고 뉘우치고 고쳐서 올바른 길로, 말씀으로 돌아오는 것입니다. 그러나 회개란 이와 같은 수평적인 의미의 행동만이 아니라는 것을 깨달아야 합니다. 자신이 가던 길이 잘못된 길인 것을 깨닫고 그 길의 방향을 전환하는 그 시점부터, 회개한 그는 높은 산꼭대기를 향하여 올라가게 됩니다. 지극히 높은 곳의 하나님을 찾아가는 것임을 깨달아야 합니다.

우리말의 회개(悔改)로 번역된 영어 repent라는 단어의 원문인 헬라어의 메타노이아(μετάνοια)는 '저 높은 곳을 향하여 되돌아간다'(return to the highest place)라는 의미가 있습니다. 세례는 곧 회개의 다른 표현이며, 선한 양심이 하나님을 향하여 찾아가는 것입니다.

　내가 한평생을 다하도록 하나님을 향하여 찾아가야 한다면, 평생을 회개하며 높으신 하나님을 향하여 찾아가는 삶을 살아야 합니다. 이전에 하던 것을 하지 말아야 하고 익숙했던 옛 습관을 버려야 하니, 괴롭고 힘듭니다. 이전에는 안 해도 좋았던 일을 이제는 해야 하니 힘들고 괴롭습니다. 세상 길을 버리고 주님의 길을 따라가려 하니 너무도 힘들고 어렵습니다. 육신이 연약하여, 높고 높은 정상을 향하여 찾아가는 그 길을 도저히 따라갈 수 없습니다. 그러므로 길이요 진리요 생명이신 예수 그리스도를 따라가야 합니다. 성령의 인도하심을 받아 모든 것을 그에게 맡기고, 그에게 업혀서 그 뒤를 따라가는 것입니다. 나는 그 길을 앞장서 갈 수 없으니, 앞장서 가시는 예수님을 따라가는 것입니다. 그래야 그가 창에 찔릴 때 나도 창에 찔리고, 그가 살아날 때 나도 살아납니다. 그가 영광을 받으니, 나도 그 영광의 그늘 아래서 은총의 복을 누리게 되는 것입니다.

- 든든한교회

# 본향 찾는 나그넷길의 백발

히브리서 11:13-16

인생은 고해(苦海)라고 합니다. 불교에서 사용하는 이 말이 일리가 있기는 하지만, 다 맞는 말은 아니라고 생각됩니다.

우리 기독교에서는 인생을 '나그네'라고 말합니다. 여기 모인 우리도 모두 고향을 떠나 나그네 인생길을 가고 있습니다. 그런데 우리는 모두 나그네인데도, 자신을 나그네라고 생각하는 사람은 많지 않은 것 같습니다. 우리가 살고 있는 집에서 멀리 떠나, 여행길에 있다는 생각이 별로 없습니다. 그러나 우리들의 마음속에 늘 나고 자란 고향에 대한 그리움과 향수가 자리 잡고 있는 것을 보면, 우리는 나그네임에 틀림없습니다.

"내 고향 남쪽 바다 그 파란 물 눈에 보이네 … 꿈엔들 잊으리요 그 잔잔한 고향 바다 … 나는 왜 어이타가 떠나 살게 되었는고 …

온갖 것 다 뿌리치고 돌아갈까 돌아가 … 가서 … 한데 얼려 … 옛날같이 살고지고….”

이토록 향수가 지극하면서도 자신을 나그네로 생각하지 않고, 고향으로 돌아갈 마음도 없이 이곳에서 살아갑니다. 왜 그럴까요? 아마 지금 살고 있는 이곳이 정들어서일 것입니다. 아니면 금의환향(錦衣還鄕)할 만큼 성공하지 못하였기 때문일지도 모릅니다. 돈도 많이 벌고 권세 있는 관직을 얻어 유명해져서, 이름을 날리고 돌아가야 부모가 기뻐하고 환영받고 대접도 받는다고 생각하여, 그럴 만큼 성공하지 못한 까닭인지도 모릅니다. 그러나 설사 금의환향할 만큼 성공했다 할지라도, 정든 그곳에 저택을 짓고 벌여 놓은 사업도 있어서, 이것 때문에 고향에 돌아가지 못하는 경우도 있을 것입니다.

그뿐 아니라, 고향이 그립기는 하지만 꼭 돌아가야 하는 것도 아닙니다. 돌아가지 않고 정들어 재물을 쌓은 그곳을 고향으로 여기고 평생을 눌러살다가, 나그네로 생을 마치고 적당히 묻히기도 합니다. 세상 사람들은 자신이 예수를 믿든지 안 믿든지, 천국을 어렴풋이나마 사모하면서도 나그네 된 세상에 정붙이고, 이런 이유 저런 이유로 나그네의 땅을 고향으로 여기고 살다가 생을 마감합니다. 이것이 세상 나그네 인생의 일반적인 모습입니다.

그러나 성경에서 말하는 본향 찾는 나그네는 그렇지 않습니다. 육신의 고향으로 돌아가지 않아도 되지만, 반드시 돌아가야 할 하나님이 정하신 곳이 있습니다.

여호수아 24장 32절은 400년간 애굽의 노예로 묶여 있던 이스라엘 백성이 애굽을 탈출하여 가나안으로 돌아갈 때, 애굽에서 죽은 요셉의 뼈를 가지고 가서 가나안 땅 세겜에 묻는 기사입니다. 이것은 요셉의 불멸 신앙과 본향 찾는 나그네 인생의 한 모형을 보여 주는 사건입니다. 창세기 15장 13-21절을 보면, 하나님께서 아브라함에게 이렇게 약속하십니다.

"아브람(아브라함)아, 지금은 네게 아들이 없고 아들을 낳을 기력도 없으나 장차 네게 아들이 있을 것이요, 네 자손이 이방에 객이 되어 그들을 섬기며 400년간 고생할 것이다. 그러나 내가 그 나라를 징치할 것이니, 400년이 지난 후에 너의 자손이 재물을 가지고서 내가 네게 약속한 땅으로 돌아올 것이니라."

아브라함은 자기를 두 번씩이나 본토를 떠나 나그네가 되게 하신 하나님의 약속을 믿고, 그 뒤에 낳은 아들 이삭에게 이것을 말하여 주었을 것입니다. 이삭은 또 그 아들 야곱에게 말해 주었을 것이며, 야곱 또한 아버지가 할아버지로부터 듣고 또 아버지 이삭이 자기에게 들려준, 대대로 물려온 그 하나님의 말씀을 그 아들들에게 말하여 주었을 것입니다. 야곱의 아들들 중에 믿음이 신실하고 아버지의 각별한 총애를 받던 요셉은 아버지가 들려준 그 하나님의 말씀을 특히 더 가슴에 새기고 있었을 것입니다.

요셉은 형들에 의하여 애굽으로 팔려 가 이방의 나그네가 되어 나그네로 살면서도, 믿음을 지켜 이방 땅 애굽에서 총리가 되었습니다. 나그네의 길에서 성공한 것입니다. 성공한 그는 이방 땅에서 생을 마칠 수밖에 없었으나, 거기서 영원히 묻히기를 원지 아니하였습니다. 그뿐만 아니라, 그가 태어난 육신의 고향으로 돌아가기도 원치 아니하였습니다. 그는 그의 민족이 언젠가 하나님이 주신 가나안 땅으로 돌아갈 것이라는 하나님의 약속을 믿었고, 110세에 죽을 때 그 후손들에게 부탁하고 맹세를 시켰습니다.



요셉은 그가 나그네로 성공한 애굽 땅에 묻히지 않고, 또 그가 태어난 육신의 고향 하란으로도 돌아가지 않고, 400년이 지난 후이지만 하나님께서 약속하고 정해 주신 본향으로 돌아간 것입니다. 그가 묻힌 세겜은 아브라함이 본토를 떠나 나그네가 된 후 하나님께서 그의 자손에게 주겠다고 약속하신 땅이며, 아브라함이 최초로 하나님께 단을 쌓은 곳입니다. 그곳은 나그네가 되었던 아브라함의 자손들이 돌아가야 할 본향 가나안이요, 천국으로 예표된 곳입니다.

이 세상이 나그네 인생길을 가고 있는 우리에게 아무리 정들고 또 성공한 곳이라 할지라도, 우리가 돌아가야 할 곳은 따로 있습니다. 우리의 육신이 태어난 고향, 청주나 광주, 부산이나 수원, 인천이나 춘천 등지로 돌아가는 것이 아니라, 하나님이 정하신 곳, 즉 본향입니다. 세상의 나그네 인생길을 가는 우리 인간들이 기필코 가야 할 곳입니다.

히브리서 9장 27절은 '사람이 죽는 것은 정한 것이요 죽은 뒤에는 심판이 있다'라고 했습니다. 이 심판에 의하여 예수를 구주로 영접한 의인이 가는 곳이 천국이요 아버지 집이며, 믿는 사람들이 가는 생명의 본향입니다. 악인이 가는 곳, 즉 예수를 믿지 않는 불신자들이 가는 곳은 영원히 불타는 고통의 처소, 곧 지옥이요 멸망의 본향입니다.

창조주 하나님의 심판에 의하여, 의인이 가는 본향과 악인이 가는 지옥이 있습니다. 하나님이 내리신 선악과의 금령을 어기고 불순종의 죄를 범하여, 에덴동산에서 세상으로 쫓겨난 아담의 후예들은 천국이냐 지옥이냐의 선택적인 필연의 숙명을 안고서 나그네로 세상을 살아갑니다. 이러한 인간들이 하나님의 부르심을 받으면, 영혼의 장막이었던 흙에서 온 육신은 흙으로 돌아가고(창 3:19), 영혼은 하나님 앞에 서게 됩니다.

우리가 미국에 들어올 때 공항의 입국심사대 앞에서 심사를 받는 것처럼, 하나님 앞에 가서 천국 입국 심사를 받습니다. 이때 세상에 있는 동안 예수를 믿고 본향을 찾는 나그네로 살아온 사람들은 심판을 면하고(요 3:18, 5:4) 하나님의 우편에 앉게 됩니다. 이 하나님의 우편이 곧 천국입니다. 그러나 예수를 영접하지 않고, 본향 찾는 나그네로 살지 않고, 세상에 정붙이고 세상을 고향으로 여기고 살아온 사람들은 하나님의 좌편으로 가게 됩니다. 이곳이 곧 지옥입니다.

세상에서 고향을 떠났던 사람들이 성공하여 고향으로 돌아가면 금의환향한다고 합니다. 부자가 되고 유명한 학자가 되고 권력을 잡은 정치가가 되어 고향으로 돌아가면, 그 부모들은 더할 나위 없이 좋아하고 칭찬하고 자랑하고 환영하여 줍니다. 그러나 우리는 지금 그러한 육신의 고향에 돌아가는 것이 아니라, 생명의 주이신 하나님 앞에 가는 것입니다.

하나님은 우리의 세상적인 금의환향을 기뻐하지 않으십니다. 내가 거부가 되었다 할지라도, 만물의 주이신 하나님에게는 나의 많은 소유가 보잘것없고 의미도 없습니다. 내가 비록 권력 있는 정치가가 되었다 해도, 만왕의 왕이요 절대권자이신 하나님께서 내가 가진 정도의 권력이 흥미로울 리 없습니다. 내가 아무리 유명한 학자가 되고 스타(Star)가 되어 명성을 떨쳤다 할지라도, 이미 영광 중에 계시는 하나님 앞에서야 나의 영광이 빛날 리 없습니다. 세상 그 무엇으로도 하나님을 기쁘시게 할 수는 없습니다. 그러나 성경은 우매한 우리에게, 무엇으로 하나님을 기쁘시게 할 수 있는지를 가르쳐 줍니다.

우리가 하나님이 계시는 자리에 나아갈 때, 그 믿음을 갖고 가면 하나님이 기뻐하며, "그래 잘 왔도다. 내 우편으로 와 앉으라"(마 25:33)고 하십니다. 그 우편이 성령 안에서 오로지 의와 희락과 평강을 누리는 천국이요, 아버지 집입니다. 그곳은 고통도 질병도, 다시 죽는 것도 굶주림도, 이별이나 슬픔도 없는, 우리가 찾아가는 본향입니다.

그러나 그러한 믿음 없이 하나님 앞에 나아간 자는, 비록 그가 재물과 권력과 온갖 명예를 얻고, 황금옷을 입고서 하나님 앞에 갔다 할지라도, 하나님께서 기뻐하지 않으십니다. 잠언 11장 4절은 오히려 재물이 진노의 날에 무익한 것이라고 말하고 있습니다.

"너는 나그네면서 나그네로 살지 않았고, 내가 있는 것과 또 내가 상 주는 이라는 것도 믿지 않았으며, 본향을 찾지도 아니했으며, 세상에 정붙이고 너 혼자 잘살면서, 나와도 관계가 없었다. 나는 너를 도무지 알 수 없도다. 그러니 너는 내 좌편으로 가라."

하나님의 좌편이 곧 영원한 고통의 장소인 불못이요, 믿음 없이 나그네 인생을 살다 간 사람들이 가지 않을 수 없는 지옥, 곧 멸망의 본향입니다. 이것이 바로 심판입니다.

하나님께서는 불순종의 범죄로 질서가 파괴된 세상에 준엄한 심판의 법칙을 세우시고, 하나님의 뜻을 따라 사는 법을 선포하셨습니다. "네가 가는 길이 어느 쪽인가? 천국의 본향 길은 이쪽에 있다" 하고 지표를 세워 놓으신 것입니다. 그것이 바로 복음이요 성경입니다. 그 생명의 말씀을 주시고, 또 그 말씀을 따라 살 수 있도록 성령을 내려 주십니다.

우리는 육신이 태어난 세상의 고향으로 돌아가는 것이 아니라 하나님이 계신 곳, 본향을 찾아가는 길에 있습니다. 그런데 세상의 성품으로는 그 나그네의 길을 갈 수 없습니다. 그 길은 수고스럽고 무거운 짐을 지는 길이기 때문입니다.

우리가 십자가의 길을 걸어가시고 부활하신 예수님의 성품을 가져야 세상을 이기고 나그넷길을 살아갈 수 있습니다. 이것이 곧 온유와 겸손의 성품입니다. 마음이 온유하고 겸손한 예수님의 성품은 하늘나라로 가는 성품입니다. 하나님이면서 인간으로서 이 땅에 구세주로 오신 예수님의 성품, 곧 세상을 구원하는 성품이 바로 마음의 온유와 겸손이었습니다.

오늘 드리는 이 예배는 65세 이상 된 분들이 모인 멜라회 헌신 예배입니다. 이달 첫 주일 월례회 때에 제가 멜라회에서 말씀을 전하였습니다. 회의 벽두에 회장인 조정민 권사님이 사회를 보며 기도하고 찬송을 한 장 더 부른 다음, 조성려 권사님이 대표기도를 하였어요. 두 분의 기도 가운데 이런 구절이 있었습니다.

"하나님 아버지, 저희들은 나이 들고 늙어, 돌아갈 날도 얼마 남지 않고 아무런 능력도 없습니다. 그러나 우리 교회의 젊은 성도와 자녀들에게 본이 되고 유익을 끼치는 회원들이 되게 하시고, 교회에 밑거름과 힘이 되게 하여 주옵소서."

그 기도가 제게 얼마나 크게 와닿았는지 모릅니다. 머리는 허옇고, 얼굴에는 주름이 끼고 허리는 구부정하고, 기력도 쇠잔하고 활동 능력도 거의 없는 처지에, 무슨 힘과 능력으로 본이 되며 유익을 끼치고 교회의 밑거름이 되고 힘이 되겠다는 것인지…. 거친 세상은 날로 악해지고, 그와는 반대로 우리 회원들의 육신은 날로 후패하고 연약해지는데, 어떻게 본이 되고 유익을 끼치며 힘이 되겠다는 것인지…. 그 기도가 마음에 강하게 부딪쳐 왔습니다.

저는 그날을 위하여 미리 준비했던 말씀을 순간적으로 접고, 마태복음 11장 29-30절을 본문으로 하여 말씀을 전했어요. 마음이 온유하고 겸손하면 짐도 가볍고 멍에도 쉽다는 말씀이었습니다. 어째서인지 그렇게 하고 싶었습니다.

여기에서 말하는 '온유'가 무엇인가요? 영어로는 meek, kind, gentle, mild 등 여러 가지 단어로 설명합니다. 한문으로 보면 온유(溫柔)는 '따뜻하고 부드럽다, 내강외유다, 겉은 부드럽고 속은 단단하다, 부드럽고 끈질기다' 등으로 설명하고 있습니다.

하나의 예를 들어 이 말씀을 설명해 보겠습니다. 노예 시장에서 사 온 흑인 노예의 양손과 양발을 기둥에 묶어 놓고, 가죽 회초리로 그 등을 후려치면, 흑인 노예는 아픔을 참지 못하여 노기를 띠고 눈을 부라리며, 쇠고랑을 풀고서라도 달려들려고 발악합니다. 그러나 주인은 아랑곳하지 않고 또다시 회초리로 후려칩니다. 노예는 여전히 소리를 지르며 복수심에 가득 차, 묶인 손목과 발목에서 피를 흘리면서도 달려들려고 발광을 합니다.

이렇게 몇 차례를 반복하면, 온갖 발광을 하던 노예는 이제 회초리로 때려도 가만히 있습니다. 묶었던 손과 발을 풀어 놓고 때려도 반항하지 않으며, 복수심도 없이 그저 가만히 있습니다. 주인에게 '날 잡아 잡수세요, 죽여 주세요' 하는 것입니다. 주인의 처분에 맡기고, 다만 장작을 패라 하면 장작을 패고, 물을 길어라 하면 물을 긷고, 밭을 갈아라 하면 밭을 갑니다. 주인의 뜻에 따라 그 힘을 발휘하게 됩니다. 그 힘이 길들여지고 통제 아래 있게 되며, 노기나 복수심이 사라집니다.

1965년 여름에 내린 장맛비로 한강이 범람하여, 여의도 비행장이 침수하여 서울이 큰 피해를 입었던 것을 기억하는 분이 계실지 모르겠습니다. 대구에서 신혼 생활을 시작한 저는 결혼 1년 만에 서울 국방부로 전속 명령이 나서, 신혼살림을 모두 서울 여의도 공군비행장으로 실어 보냈습니다. 비행기로 부친 짐을 여의도 공항터미널(air terminal)의 창고에 보관하게 하고, 마지막 남은 일을 처리한 다음 서울로 올라가 짐을 꺼낼 계획이었습니다.

마침 심한 비가 내리기 시작하여, 비가 멎으면 꺼내기로 하고 기다렸습니다. 그러나 비는 멎지 않았고, 오히려 장맛비로 변해 여의도 비행장이 모두 침수되어, 저의 신혼살림 짐도 물에 잠기고 말았습니다. 그 홍수로 내린 비의 힘, 곧 조절되지 않고 통제되지 않는 사나운 물의 힘은 가옥을 떠내려 보내고, 논과 밭을 할퀴고 농작물을 다 망치고, 사람의 목숨도 앗아가고 말았습니다. 지금은 팔당에 댐이 건설되어 필요에 따라 물을 조절하여, 그 물의 힘이 유익하도록 사용되고 있습니다.

온유는 길들인 힘이며 통제하에 있는 힘이고, 복수심에서 해방된 힘입니다(The power which is under the control, and free from the desire of revenge). 온유는 성령의 열매 중의 하나이며, 또한 팔복 중의 하나입니다.


온유한 자는 복이 있나니 그들이 땅을 기업으로 받을 것임이요 _마 5:4


온유의 힘이 없으면 땅을 기업으로 경영할 수 없습니다. 이 온유의 힘은 주인을 섬기는 종과 노예의 마음에서 나옵니다. 예수님은 세상에 섬김을 받으러 오신 것이 아니라, 종의 형체를 입고 섬기러 와서 죽기까지 복종하셨습니다.

마태복음 11장 29절 말씀, "나는 마음이 온유하고 겸손하니 나의 멍에를 메고 내게 배우라"에서 '멍에'는 다름 아닌 종의 멍에입니다. 마음이 온유하고 겸손하신 예수님은 종의 멍에를 메고, 십자가를 지신 후 부활하셨습니다. 이 온유의 힘은 가장 낮아질 수 있는 데서 오는 힘입니다.

그러면 어떻게 해야 이저럼 마음이 온유한 예수님의 성품을 소유할 수 있을까요? 잠언 16장 32절은 "자기의 마음을 다스리는 자는 성을 빼앗는 자보다 나으니라", 잠언 4장 23절은 "무릇 지킬 만한 것 중에 더욱 네 마음을 지키라 생명의 근원이 이에서 남이니라"라고 했는데, 이처럼 성을 빼앗는 자보다 낫고, 생명의 근원이 되는 마음을 다스리는 힘은 어떻게 생길까요?

이것은 도덕적인 수련을 쌓아서 되는 것이 아니며, 요즘 유행하는 기(氣) 수련을 통해서 되는 것도 아닙니다. 예수님의 온유한 성품은 성령의 역사로써 비로소 임하게 되는 성령의 열매입니다. 죄인이 죄인을 구원하지 못하는 것처럼, 세상의 성품으로는 세상을 이기거나 구원하지 못합니다. 세상을 구원하는 일은 세상을 주관하시는 하나님, 예수님의 성품으로만 가능합니다.

마음을 다스리는 자가 강하다고 하였는데, 그 마음을 누가 무엇으로 다스린다는 말입니까? 우리 인간의 마음은 인간이 다스리는 것이 아니라 성령님이 다스리십니다. 그러므로 성령을 구해야 합니다. 마태복음 7장 7절에서는 "구하라 그리하면 너희에게 주실 것이요 찾으라 그리하면 찾아낼 것이요 문을 두드리라 그리하면 너희에게 열릴 것이니"라고 했어요. 구하면 얻을 것입니다.

또 11절에서는 "너희가 악한 자라도 좋은 것으로 자식에게 줄

줄 알거든 하물며 하늘에 계신 너희 아버지께서 구하는 자에게 좋은 것으로 주시지 않겠느냐"라고 했습니다. 하늘에 계신 아버지께서 우리에게 주실 좋은 것은 세상에서 얻은 재물이나 명예나 권력처럼 썩어 없어지고 사라질 것이 아닙니다. 바로 성령, 즉 생명의 능력이 되는 성령입니다. 그러므로 우리가 기도할 때 세상 것을 구하기에 앞서, 먼저 온유와 겸손의 성품을 가질 수 있도록 성령의 역사를 간구해야 합니다.

그러면 겸손은 무엇인가요? 내 몸과 자세를 낮추는 태도입니다. 몸만 낮추는 것이 아니라 마음가짐도 낮추는 자세를 겸손이라고 합니다. 하나님이신 예수님은 세상에 오실 때 말구유에서 나시고 비천한 종이라는 낮은 자리로까지 내려가, 남의 죄를 지고 십자가 위에서 죄인으로 죽기까지 복종하셨습니다. 이것을 조직신학에서는 '그리스도의 비하'(Humiliation of Christ)라고 합니다. 이 힘이 온유와 겸손입니다. 겸손은 십자가를 지지 않고는 될 수 없습니다.

예수님이 육중한 십자가의 멍에를 지심으로 그 몸을 십자가 밑에 낮추신 것을 상상해 보시기 바랍니다. 십자가를 지고서는 몸을 낮추지 않을 수가 없습니다. 몸을 낮출 수밖에 없게 해주는 것이 멍에입니다. 예수님은 낮아지셨기에 부활하시고 하늘에 오르셨습니다. 만물이 그 발 아래 복종하게 되었습니다(빌 2:9-10). 그리스도의 비하가 있었기에 그리스도의 승귀(Exaltation of Christ)가 있습니다.

우리 멜라 회원들은 모두 65세 이상으로 나이 들고 늙으셨는데, 성경에서 나이 들고 늙은 이들에게 주시는 말씀의 축복을 다 받으신 것 같습니다. 디도서 2장 2-5절에 기록된 늙은 남자와 여자들에게 주는 복은 이렇습니다.



하나님의 말씀이 비방받지 않게 한다는 것은 하나님의 영광을 기리지 않으며 전도에 방해가 되지 않게 한다는 것입니다. 그러고 보면 우리 교회의 믿음의 정병이요 선교의 전위대는 멜라회가 아닌가 싶습니다.

모든 신앙의 덕망이 온유와 겸손의 성품에서 이루어집니다. 이것은 우리가 보는 바와 같이 머리가 희어지도록 본향을 찾아 나그넷길을 오면서, 배우고 익히며 쌓은 신앙의 자산입니다.

잠언 16장 31절에는 "백발은 영화의 면류관이라 공의로운 길에서 얻으리라"고 기록돼 있습니다. 의로운 길이 무엇인가요? 백발이라고 해서 다 영화의 면류관은 아닐 것입니다. 나그네 된 세상에서 길이요 진리요 생명이신 예수 그리스도를 만나고, 그분을 따라 본향을 찾아가는 길목에서, 까맣던 머리가 어느덧 희어진 것입니다. 힘들고 어려운 일도 많았고, 슬픔과 고뇌, 고통스러운 일도 많았지만, 성을 빼앗는 마음으로 온유와 겸손으로 버티고 말씀을 따라 살다 보니, 어느덧 머리가 허옇게 되었어요.

여러분, 이 백발은 세월의 서글픈 것이 아니라 영화의 면류관입니다. 멜라 회원 여러분, 머리가 희어지는 것을 알고 계셨나요? 예수님을 바라보고 말씀을 따라 사는 동안 어느덧 검은 머리가 파뿌리가 되어 희끗희끗해진 것이 아닙니까. 모든 육체는 풀과 같고 그 영화는 풀의 꽃과 같습니다. 풀이 마르고 꽃은 떨어졌지만, 영원하신 하나님의 말씀만을 따라오다 보니 어느덧 허리는 굽고, 주름살만 가득한 얼굴에 흰 눈이 덮인 것처럼 백발이 되어 있어요. 주께서 이 의로운 길의 믿음의 흔적을 보고 기뻐하며 가상히 여기실 것입니다. 이런 백발이 바로 영화의 면류관입니다.

오늘 멜라 회원들을 바라보니 이렇습니다.

첫째, 흰머리와 주름진 얼굴에 태양 같은 밝음이 있어요.

둘째, 그 부드러운 음성 가운데에서 젊은이들을 향한 부드러운 위로와 쟁쟁한 권면의 음성이 들려오는 것 같아요.

셋째, 보이지 않는 마음속에는 이웃을 향한 연민의 정이 가득히 묻어 나와요. 불경기, 무섭게 돌고 있는 괴질, 테러 등을 위해 하나님께 무릎을 꿇습니다.

넷째, 드나들기가 힘들고 어려워 홀로 방에 앉아 기도하지만, 그 소리가 귀에는 안 들리나 가슴에는 들려오는 것 같아요.

다섯째, 이제는 나이 들어 세상 돌아가는 것에는 관심도 없는 줄 알았는데, 우리가 살고 있는 미국과 조국을 위한 염려도 있어요. 무릎을 꿇습니다. "전쟁에서 미국이 이겼으니 이제는 그곳 사람들도 자유롭게 살고, 복음이 전해져서 하나님의 복을 누리며 살게 하여 주세요."

여섯째, 이런 기도를 합니다. "우리 담임목사님을 주님이 붙드시고, 영육 간에 강건하여 우리 교회를 잘 이끌고 갈 수 있도록 인도하여 주세요. 내일은 또 선교차 멕시코에 가시는데, 하나님, 그 길을 보호하여 주세요." 그런가 하면, 전쟁터에 나간 우리 교회의 젊은 아들들의 이름과 병석에 누운 교우들의 이름을 외웁니다. 기도하기 위해서이지요.

마지막 일곱째, 우리 노인들은 어떻게 전도할까, 다리 힘도 없고 돈도 없는데 어디 가서 어떻게 전도할까 생각하지만, 멜라 회원들 호주머니에서 꼬깃꼬깃한 5달러와 10달러를 꺼내 모아 선교헌금을 하고, 주름살 낀 눈을 감고 기도를 해요.

우리의 육신은 우리 영혼이 하나님의 부르심을 받을 때까지만의 쉼터로서, 우리에게 장막을 제공합니다. 그러나 우리가 하나님의 부르심을 받으면, 거추장스럽기 짝이 없었던 육신은 버리고 갑니다. 때가 되어 주님이 세상을 심판하려고 재림하실 때, 하나님은 우리가 버리고 간 그 육신을 다시 돌려주십니다. 흙으로 돌아갔던 육신이 부활하는 것입니다. 그러나 그때 다시 입게 될 몸은 조금도 거추장스러울 것이 없는, 시간과 공간에 제한을 받지 않는 영화로운 몸입니다. 다시 죽음이 없고, 슬픔이나 고통, 굶주림이나 이별이나 싸움이 없는 천국에서 입는 옷, 곧 그 몸의 옷을 입고, 예수님이 세상을 심판하실 때 우리도 그 우편에 앉아 그 심판에 참여하는 것입니다. 인생에게 최고로 영광스러운 모습입니다.

사랑하는 멜라 회원 여러분! 이렇게 거칠고 험한 세상 가운데 있는 우리는, 우리의 유일한 소망이며 길이요 진리요 생명이신 예수님을 바라보아야 하겠습니다. 본향을 찾아가는 길목에서, 아직 조금은 남은 검은 머리가 의로운 남은 길에서 마저 희어지기를 바랍니다. 우리들의 자녀와 후진들이 우리들의 머리가 희어가는 모습을 바라보며 그 백발을 흠모할 것입니다. 이것이 오늘 헌신 예배를 주관하는 멜라 회원들의 모습이라면 분명 든든한교회의 힘이 되고도 남으며, 덕이 넘치고도 남음이 있다고 저는 믿습니다.

우리를 이렇게 인도하시는 주님께 한없는 영광과 감사를 드리고, 우리 모두 온유와 겸손으로 우리의 본향에 이르기까지 선한 싸움에서 승리하기를 축원합니다.

- 2003년 4월 27일 멜라회 헌신예배, 든든한교회

# 겨자씨만 한 믿음

마태복음 17:14-20, 13:31-32

겨자나무는 일년생 초목으로 중동 팔레스타인 지방에서 재배되며, 그 열매는 깨알보다 더 작습니다. 담배씨와 비슷한 크기라고 하는데, 담배씨를 모르는 분은 겨자씨의 크기를 대중하지 못할 것 같습니다. 하얀 백지에 볼펜을 탁 찍었을 때 생기는 점 정도의 크기라고 합니다.

팔레스타인, 중동 지역에서 아주 작은 것을 말할 때 겨자씨를 들어 말하고, 값으로 보아 가장 하찮은 것을 말할 때는 참새를 말한다고 합니다. 마태복음 10장 29절에서 "참새 두 마리가 한 앗사리온에 팔리지 않느냐"라고 할 때의 '한 앗사리온'은, 값으로 계산하는 것이 아니라 '동전 한 푼'이라는 개념으로 사용하는 어구입니다. 참새 한 마리는 동전 반 푼 값밖에 되지 않지만, 이것마저 하나님이 허락하지 아니하시면 땅에 떨어지지 않는다는 뜻입니다. 이렇게 작은 겨자씨 한 알만 한 믿음이 무엇이길래, 예수님께서 겨자씨 한 알만 한 믿음만 있으면 산(山)도 옮길 수 있다고 하면서 어떻게 작은 믿음과 거대한 산을 비교하여 말씀하셨는지 궁금합니다. 제가 아는 어느 목사님이 이스라엘 성지순례를 하고 귀국하는 길에 겨자씨를 사서 돌아와, 그 씨를 땅에 심어 보았습니다. 정성을 들였지만 싹이 돋아나지는 않았다고 합니다. 그 겨자씨 속에는 생명이 없었던 것입니다.

두 번째 본문인 마태복음 13장 31-32절은, 겨자씨는 작으나 거기에 생명이 있음이 중요하다는 것을 가르치고 있습니다. 겨자씨 하나를 손바닥에 놓으면 잘 보이지도 않을 정도로 작아서, 손으로 집으려 해도 집히지 않습니다. 손바닥을 훅 불거나 털기라도 하면 보이지도 않고 잡히지도 않던 겨자씨가 어디론가 날아가, 땅에 떨어져 싹을 내고 움이 트며, 줄기와 가지를 뻗치고 잎이 무성해지며 열매를 맺어, 그 잎새와 가지에 새들이 깃듭니다. 지극히 작은 생명이지만 놀라운 유익을 끼칩니다.

겨자씨만 한 믿음이라는 것은, 곧 작되 생명이 있는 믿음이라는 뜻입니다. 생명이 있는 믿음, 즉 산 믿음이 중요하다는 것을 말합니다. 야고보서 2장 17절, 26절은 행함이 없는 믿음은 죽은 믿음이라고 말합니다. 죽은 믿음이 있다면 산 믿음이 있겠지요. 행함이 없는 믿음이 죽은 믿음이라면, 행함이 있는 믿음은 곧 산 믿음,

생명이 있는 믿음일 것입니다. 생명이 있는 믿음, 산 믿음, 즉 행함이 있는 믿음은 하나님의 말씀을 행하는 것을 말합니다. 하나님의 말씀을 행하는 것이 살아 있는 믿음이요 생명이 있는 믿음입니다.

그 말씀을 행하기를 바라시는 하나님은 누구이시며 어떠한 분이십니까? 요한일서 4장 8절과 16절에서 '하나님은 사랑이시다'라고 말씀합니다. God is love. 사랑이 하나님의 일부분이 아니라, 하나님은 총체적으로 사랑이십니다.

> 하나님이 세상을 이처럼 사랑하사 독생자를 주셨으니 이는 그를 믿는 자마다 멸망하지 않고 영생을 얻게 하려 하심이라 _요 3:16

하나님은 독생자 예수라는 이름으로 이 세상에 오셔서, 그의 전부, 즉 몸을 버리사 대속의 죽음을 죽으시고, 구원의 사랑을 성취하셨습니다. 그러므로 구원받은 우리가 하나님의 말씀을 행하는 것은 곧 하나님의 사랑을 실천하는 것이며, 이것을 산 믿음, 생명 있는 믿음이라고 합니다. 산 믿음이란 하나님 편에서 말할 때는 우리가 사랑을 실천하는 것, 곧 율법을 지켜가는 것이고, 우리 편에서 말할 때는 우리가 믿음을 행하며 살아가는 것입니다.

그런데 오늘날 우리들의 믿음은 어떠한 믿음이며, 어느 수준에 있는 것일까요?

14내 형제들아 만일 사람이 믿음이 있노라 하고 행함이 없으면 무슨 유익이 있으리요 그 믿음이 능히 자기를 구원하겠느냐 15만일 형제나 자매가 헐벗고 일용할 양식이 없는데 16너희 중에 누구든지 그에게 이르되 평안히 가라, 덥게 하라, 배부르게 하라 하며 그 몸에 쓸 것을 주지 아니하면 무슨 유익이 있으리요 17이와 같이 행함이 없는 믿음은 그 자체가 죽은 것이라 _약 2:14-17

"평안히 가라"고 말하면서, 실제로도 그가 입을 옷과 먹을 음식과 병을 낫게 할 것들을 주는 것이 행함이 있는 믿음이라고 말씀합니다. 우리는 과연 헐벗은 자를 찾아가서 옷을 사 주었고, 주린 자를 찾아가서 먹을 것을 사 준 일이 있으며, 병든 자를 찾아가서 약을 사다 준 일이 있습니까? 아마 거의가 찾아가서 위로하고 격려하는 정도로 수고하는 수준에서 사랑을 실천했다고 믿고 있고, 산 믿음의 소유자라고 자부하며, 주일마다 열심히 교회에 출석하고 있을지도 모릅니다. 그러나 성경대로라면, 속옷 한 벌 사다 주지 못하고 소고기 한 근 사다 주지 못했다면, 우리의 믿음은 그 자체가 죽은 것이며 생명이 없는 것입니다.

이와 같이 우리 스스로의 믿음을 진단해 보면, 실로 신앙생활은 어렵고, 그리스도의 사랑을 실천한다는 것은 더 힘들고 고뇌스러운 일입니다. 왜 그럴까요? 믿음을 행하는 것, 즉 사랑을 베푸는 일은 희생이기 때문입니다. 희생은 누구나 하고 싶지 않은 것이며, 힘들고 어려운 일입니다. 이런 가운데 '너희는 서로 사랑하라. 너희가 서로 사랑함이 마땅하도다'라는 하나님의 음성을 들을 때마다, 우리는 이 신앙 양심 때문에 심령이 가난하고 애통해야 합니다.

그렇다면 믿음을 실천하고 사랑할 수 있는 능력은 도대체 어디에서 얻어질까요? 이것은 믿음의 주요 온전하게 하시는 주님께로부터 나옵니다. 믿음이라는 것이 무엇입니까? 믿음은 예수 그리스도의 동정녀 탄생과 십자가 대속의 죽음으로 내 죄가 사해지는 것, 그리고 부활, 천국, 영생을 머리로 믿고 지적으로 수용하는 것이 아니라, 그리스도께 나 자신을 의탁(entrust)하는 것입니다.

은행(bank)은 나의 돈을 맡아 관리해 주고, 때로는 대출해 주기도 합니다. 나의 모든 재정 능력이 은행에서 나오므로, 몸에 돈을 한 푼도 지니지 않고 여행을 갈 수도 있습니다. 그러나 은행이 아무리 좋은 기관이라 해도, 내 돈을 그 은행에 가져다 맡기지 않으면 그 좋은 은행이 나와는 아무 상관이 없습니다.

세상 만물을 창조하시고 역사를 다스리시며, 만병을 고치시고, 우리의 죄를 차하시고 구원하실 뿐만 아니라, 천국과 영생을 준다고 약속하신 예수님께 나 자신을 맡기고 의탁하면, 하나님의 모든 말씀을 행할 능력이 그로부터 나옵니다. 그러나 내가 그분께 내 인생과 생명을 전폭으로 내맡기지 않으면, 그 좋으신 예수와 나와는 아무런 관계가 없습니다.

내가 나 자신을 예수님께 의탁하고 의지한다는 것은 예수와 내 생명이 결탁된다는 뜻입니다.



하나님의 말씀을 행할 수 있는 능력과 사랑을 실천할 수 있는 능력이 주께로부터 나옵니다. 주님이 생명 있는 믿음을 주십니다.

간혹 교회 건물을 새로 짓고, 교인 수가 많고 담임목사 이름도 많이 알려져 있어서 그 교회에 가 보았더니, 막상 사랑이 없더라는 말을 듣습니다. 사랑이 없다는 것은 곧 생명이 없다는 것입니다. 생명이 없는 물고기는 아무리 커도 물 위에 둥둥 떠서 표류합니다. 큰 물고기가 약을 먹고 죽어 둥둥 떠 있다면, 큰 교회는 세속의 약을 먹고 세상의 늪에 떠 있다고 하겠습니다.

우리는 "구주와 함께 나 죽었으니 구주와 함께 나 살았도다"라고 찬송을 부릅니다. 이 찬송처럼, 정녕 우리는 죽는 것마저 주님께 의지하지 않고는 할 수 없습니다. 주님께서 잃은 양 한 마리를 찾아오시지만, 나를 찾아오신 주님을 내가 의지하지 않으면, 주님의 은총은 나에게 다가오지 않습니다. 내가 주님의 등에 업혀 의지하지 않으면, 내 죄 사함을 위한 죽음마저도 나의 것이 될 수 없습니다. 요한복음 1장 29절의 말씀대로 세상 죄를 지고 가는 어린

양 예수의 등에 업혀 갈 때, 주님과 더불어 죽는 죄 사함의 은총이 내게 임합니다.

죄 없으신 예수님이 죄인인 나를 등에 업고, 내 죄패를 앞에 달고 골고다 언덕을 향해서 갑니다. 이 죄패를 본 로마 병정이 길고 예리한 창으로 예수님의 옆구리를 찌릅니다. 그 창이 예수님의 옆구리를 지나 나의 옆구리 심장을 깊숙이 찌릅니다. 예수님의 옆구리에서 맑고 깨끗한 붉은 피가 철철 흘러내립니다.

나의 옆구리와 허리에서는 어떠한 피가 흐르나요? 검고 찐득찐득한 죄인의 피가 예수님의 피가 흘러내린 자국을 타고서 흘러내립니다. 나의 죄된, 검고 찐득찐득한 피가 한 방울도 남김없이 다 흘러내리고 나니, 가벼워진 나를 업고 예수님이 일어서십니다. "예수와 함께 또 영생 얻네!" 믿음이란 내 생명과 인생을 이처럼 예수께 맡기는 것입니다.

비록 배운 것 없고 가진 것도 없고, 사회적인 지위와 명성도 없고, 이 세상에서 겨자씨처럼 작은 자일지라도, 자신을 전폭적으로 예수님께 의탁할 때, 산을 옮기는 능력으로 그리스도의 사랑을 실천하며 살 수 있을 것입니다. 이처럼 행할 때, 주님은 "너는 내 사랑을 실천하였노라, 율법을 지켰노라" 하실 것이며, 우리는 또한 '나는 믿음으로 살고 있다'라고 고백할 수 있을 것입니다.

- 2003년 7월 2일 수요찬양예배, 든든한교회

# 회개의 은총



야곱은 하란에 있는 외삼촌 라반의 집으로 도망가, 20년을 머슴으로 살면서 견뎌낸 집요한 인내와 집념의 사람이었습니다. 그 20년이라는 집념의 세월은 인내와 잔꾀, 이기심과 속임수, 요령의 세월이었습니다. 지팡이 하나만 들고서 도망치듯 집을 떠난 그는, 이제 두 아내와 자녀들과 노비들, 두 떼나 되는 짐승으로 부(富)를 이루었습니다. 야곱을 머슴으로 부리기 위하여 그에게 주기로 한 신부를 바꿔치기하고, 야곱의 품삯을 열 번씩이나 변개(變改)한 라반도, 치부(致富)하는 야곱의 간교(奸巧)함(창 30:37-39)은 당해내지 못하였습니다.

고향을 도망쳤던 야곱은 소와 양을 많이 소유하고 노비들을 거느리며 성공한 부족(富族)을 이루었으나, 그에게는 편안히 살 곳이 없어서 다시 도망해야 하는 신세가 되었습니다. 어디든지 무사히 도망만 갈 수 있다면 될 일이었을지 모르나, 그 도망길마저 순탄치 않았습니다. 20년 전에 형 에서에게 저지른 과오가 청산되지 않았기 때문입니다. 맏아들로서 장자의 명분과 축복을 동생 야곱에게 가로채인 에서가 야곱이 오는 길을 가로막고 있었습니다.

얍복 나루터에 이른 야곱은 형 에서가 400인을 데리고서 자기를 치러 온다는 소식을 들었습니다. 그는 자기 소유의 짐승들을 두 떼로 나누어 앞서 보내고, 그다음으로 자신의 처자식들을 앞서 보낸 후, 자기 혼자 얍복 나루터에 남아 밤을 맞이합니다. 많은 경우 이 대목을 '야곱이 모든 것을 버리고 뒤에 홀로 남아 하나님께 환도뼈가 부러질 때까지 기도하여 축복을 받았다'라고 설명합니다. 물론 야곱은 기도하였을 것입니다.

"하나님, 제가 형 에서를 피하여, 지팡이 하나 들고 도망쳐 외삼촌 집에 가서, 20년간 머슴살이와 온갖 고초와 힘든 일을 견뎌가며 가정을 이루고 부도 축적하였습니다. 이제 고향으로 돌아가려고 하나, 형 에서가 저의 옛날 과실을 지금도 잊지 않고 보복하려하니, 하나님, 아무쪼록 이 얍복 강을 잘 건너고 무사히 고향 브엘세바로 돌아가게 하여 주시옵소서! 그리하면 단을 쌓고 십일조도 바치겠습니다."

그러나 이것은 결코 기도하는 자의 자세가 아니며, 하나님이 들으실 기도도 아닙니다. 한 떼, 두 떼로 앞서 보낸 짐승들은 에서의 마음을 누그러뜨리려는 계략적 뇌물이고, 가족을 먼저 보낸 것은 동정심을 사려는 속셈입니다. 자기만 홀로 얍복 나루터에 남은 것 역시, 여차(如此)하면 가족이고 재산이고 모두 다 버리고 홀로 도망치기 위한 태세를 갖추고, 앞으로의 추이(推移)를 관망하는 자세입니다.

기도하는 자는 모름지기 자기가 모든 위험 앞에 서서 먼저 죄를 고백하고 소원을 아뢰는 자세를 가져야 합니다. 기도는 영혼의 호흡이요 하나님과의 대화입니다. 먼저 숨결을 돌려야 대화가 가능하듯, 숨통을 막고 있는 담, 곧 죄를 자백해야 하나님과의 대화가 이루어집니다. 숨결이 트인 연후에 소원을 아뢰는 것입니다.

본문에 보는 바와 같이, 밤에 홀로 있는 야곱에게 어떤 사람이 나타나, 진정한 회개 없이 자기 고집만 부리는 야곱의 환도뼈를 쳤습니다. 날이 밝아오기 때문이었습니다. 날이 밝으면, 에서가 달려와 얍복 강나루에 숨어 있는 야곱을 찾아내 쳐 죽일 것입니다. 날이 밝으면, 즉 주의 날이 오면, 야곱이 허물되게 살아온 모든 인생이 드러날 것이기 때문이었습니다. 그때는 심판의 때입니다.

환도뼈가 위골된 야곱은 당황하였을 것입니다. 지금까지 자기 계략에 넘어가지 않은 자가 없었고, 자기 지팡이에 쓰러지지 아니한 자가 없었는데, 도대체 이 자가 누구이기에 자기를 넘어뜨리는지 궁금했을 것입니다. 그가 묻습니다. "도대체 당신은 누구시오? 이름이 무엇이오?" 그런데 오히려 그 사람이 야곱에게 "네 이름이 무엇이냐?”라고 묻습니다. 야곱이 이때 ‘왜 내 질문에 답하지 않고 내 이름을 묻느냐’라고 되물었다면 남은 환도뼈마저 부러졌을지 모를 일입니다. 꾀와 눈치가 있는 야곱입니다. 그가 대답했습니다. “네, 야곱입니다.”

그가 ‘야곱’이라고 그의 이름을 밝힌 이 사실은 실로 중대한 그 인생의 고백이며 생존의 길이었습니다. 야곱… 그는 이제까지 속이는 자, 이기주의자, 불한당, 꾀쟁이로 살아왔음을 고백한 것입니다. 그 사람이 말합니다. “이제부터는 야곱이라 부르지 말고 이스라엘이라 부르라.” 이스라엘! 하나님과 겨루어 이겼다는 뜻의 이름입니다. 야곱의 재치(才致)가 순간적으로 번득입니다.

“도대체 이분이 누구이기에 나를 넘어뜨리고, 또 야곱이라는 이름을 버리고 이스라엘이라는 이름으로 살라고 한다는 말인가? 하나님과 더불어 싸워 이겼다고? 그렇다면 내가 하나님을 대면하여 이겼단 말인가! 나를 쓰러뜨린 그분이 하나님이 아닌가! 내가 하나님을 대면하였어도 죽지 않고 내 생명이 보전되었으니, 내가 이곳에서 하나님을 만난 것인가? 그렇다면 이곳이 브니엘이로다, 브니엘!”

‘브니’는 얼굴이라는 뜻이요, ‘엘’은 하나님, 하나님의 얼굴이라는 뜻입니다. ‘하나님의 얼굴을 보았어도 죽지 않았으니 내가 무엇이 두려우리오.’ 그는 벌떡 일어나서 지팡이를 짚고, 브니엘을 지나 얍복 강을 건넙니다. 회개한 그는, 비록 다리는 절룩거리나

평생 야곱처럼 세상과 자손을 축복한 주진경 목사 부부.

몸은 가볍습니다. 이때에 아침 해가 돋습니다. 어둠에 덮였던 대지(大地) 위에 찬란한 아침 햇살이 쏟아져내리며, 지팡이를 짚고서 얍복 강을 건너는 야곱을 환히 내리비춥니다.

400명의 장정을 거느리고 야곱을 치러 달려오던 에서가 보니, 야곱이 지팡이를 짚고서 절룩거리며 다가오고 있었습니다. 소문에 들은 대로라면, 야곱은 백마를 타고 호위병을 거느리고서 당당하게 나타날 법한데, 그와는 반대로 야곱이 도망갈 때 가지고 갔던 그 지팡이를 짚고서 절뚝거리며 나타난 것입니다. 형 에서 앞에 오더니, 땅에 무릎을 꿇고 일곱 번이나 절을 합니다. 묻는 말이 필요 없고 대답할 말이 필요 없습니다.

에서가 달려와서 그를 맞이하여 안고 목을 어긋맞추어 그와 입맞추고
서로 우니라 _창 33:4

로마서 9장 13절에서 "내가 야곱은 사랑하고 에서는 미워하였
다 하심과 같으니라"고 말씀했습니다. 이것은 무조건적인 하나님
의 주권 행사가 아닌 것을 깨닫게 하는 대목입니다. 야곱은 이기
적이고 얄미운 자였으나 먼저 하나님 앞에 넘어져 회개하였고, 에
서는 형이면서 동생 야곱이 절름발이가 되어 얍복을 건너기까지
용서가 없었습니다.

밤에 얍복을 건너지 못하고 어둠과 씨름하고 있는 야곱 앞에 어
떤 사람이 나타나, 날이 새고 있기 때문에 환도뼈를 쳤다는 것은
우리에게 깊은 영적 깨우침을 줍니다. 날이 새어 이 땅 위의 모든
불결한 것들이 드러나기 전에 청소가 되어 있어야 하는 이치와 같
습니다. 주님의 '날'이 이르기 전에, 나의 모든 죄와 허물을 낱낱이
씻어내야 찬란한 영광의 하나님을 뵐 수 있는 것입니다.

우리들의 신앙생활은 하루 단위로 얍복 강을 건너는 것이 되어
야 합니다. 하나님께서는 엿새 동안의 창조 과정에서 그날 그날
지으신 모든 것의 아름다움을 확인하고 '밤이 되고 아침이 되니
라' 하셨습니다. 우리는 밤새도록 고집을 부리다 환도뼈를 맞을
일이 없는가, 나의 얍복 강을 가로막는 세력이 달려오고 있지는
않은가 살피고서 새 아침을 맞아야 할 것입니다.

‘얍복’이라는 말은 ‘물이 흐른다’라는 뜻이지만, ‘비었다’라는 의미로 해석합니다. 얍복 강은 늘 흐르는 강이 아니라, 비가 오면 물이 흐르다 비가 그치면 흐르지 않는, 즉 간헐적으로 흐르는 강으로, 오히려 흐르지 않을 때가 더 많았습니다. 그래서 빈 강으로 인식되고 있었고, 그래서 ‘비었다’라는 뜻이 됩니다. 이 강을 건널 때면 짐을 버린 빈 수레라야 가볍게 건널 수 있지, 짐을 싣고서는 건너지 못합니다.

야곱의 생애를 구분한다면, 출생에서부터 얍복 강 나루터에서 환도뼈가 부러지고 ‘야곱’이라는 이름을 버리며, ‘이스라엘’이라는 새 이름으로 바꾸기까지를 전기 인생으로 구분합니다. 그의 전기 인생은 온갖 이기적인 지략과 속임수와 지팡이로 앞을 헤치며 도망가는 인생이었습니다. 후기 인생은 야곱이라는 이름을 버리고, 지팡이에 의지하여 절룩거리면서 얍복 강을 건너고, 하나님을 따라가는 삶이었습니다. 지팡이를 휘두르며 사기꾼으로, 이기적으로 살던 그는, 환도뼈가 부러져 회개한 다음엔 야곱이라는 이름을 이스라엘로 고쳐 부르고, 그 후기 인생을 마칩니다.

그가 병들어 임종이 임박할 무렵, 그 아들 요셉이 장자 므낫세를 야곱의 오른손 앞에, 차자 에브라임을 왼손 앞에 세웠습니다. 야곱이 장자와 차자의 차서를 따라 오른손으로 장자 므낫세를, 왼손으로 차자 에브라임을 축복하게 하려 함이었습니다. 그리고 보면 의당 야곱의 오른손이 장자 므낫세의 머리에, 왼손이 차자 에브라임의 머리에 얹혀야 할 것이었으나, 야곱은 오른손을 차자 에브라임의 머리에 얹고, 왼손을 장자 므낫세의 머리에 어긋 맞겨 얹고 축복하려 하였습니다. 요셉이 이것을 보고 기뻐하지 아니하여 야곱의 손을 들어 바꾸어 옮기려 하였습니다.

"아버지, 손이 어긋맞겨 있나이다. 오른손은 장자 므낫세에게, 왼손은 차자 에브라임에게 얹고 축복하소서."

야곱은 눈이 어두운 부친 이삭의 분별 없는 축복으로, 그의 형에서와 그 사이에, 그 일가에 다가왔던 비극을 기억했을 것입니다. 그런 야곱이 "그래, 나도 안다. 내 손이 어디에 가 있는지 나도 안다"라고 말하며, 족장으로서의 소신에 따라 축복을 마칩니다.

창세기의 마지막 장인 50장에는 야곱이 그의 열두 아들들을 축복하는 장면이 기록되어 있습니다. 그는 침상에 누운 채, 그가 야곱으로 살 때 자기 앞길을 헤쳐가던 지팡이, 그러나 그가 이스라엘로 변한 뒤에는 평생을 의지해 오던 그 지팡이에 의지하여 열두 아들을 축복하고, 147세의 생애를 마치고 그 열조에게 돌아갔습니다. 세상의 것으로 축복하지 않고 여호와의 이름으로 자손들을 축복한 그는, 인생의 후반부에 회개의 은총을 마음껏 누리며 살았습니다.

- 2003년 7월 3일(목) 새벽기도회, 든든한교회 새벽의 명상

# 금령과 계명

창세기 2:17

하나님께서는 그가 지으신 인간 아담이 살아가는 데 필요한 모든 것을 마련하셨습니다. 하나님의 창조 과정을 보면 모든 것을 지으실 때마다 보시기에 좋았다고 기록하고 있습니다. 이렇게 지으신 모든 것과 먹을 것, 그리고 또 그가 할 일들을 빈틈없이 준비하여 아담에게 주셨습니다. 그리고 하나님은 이 모든 일들이 보기에 심히 좋았다고 하셨습니다. 이것은 하나님이 아담에게 주신 복이었고, 인간들에게 내리신 복의 원형입니다(창 1:28).

사람이 살아가는 데는 먹는 것뿐 아니라 입을 것도 똑같이 필요한데, 하나님이 아담에게 주신 복에 먹을 것은 풍성했지만 입는 것은 빠져 있습니다. 그것은 하나님께서 아담에게 주신 복에 하자가 있는 것이 아니라, 이때는 아담이 타락하기 이전이었으므로,

수치를 가리기 위하여 입을 옷이 필요치 않았기 때문일 것입니다.

온전하신 하나님께서는 최초로 태어나는 인간에게 이토록 부족함이 없이 모든 것을 준비하여 주시고, 한 가지를 금하셨습니다. 본문에 있는 대로 "선악을 알게 하는 나무의 열매는 먹지 말라 네가 먹는 날에는 반드시 죽으리라"는 것입니다.

하나님께서는 선악과에 독성이 있기 때문에 먹지 말라는 것이 아니었습니다. 이 금령(禁令)을 자세히 묵상해 보면, 아담과 하와가 선악에 대한 지식을 찾는 것을 원하지 않으셨고, 또 먹든지 안 먹든지 선택의 자유의지를 주시되, 하나님의 뜻을 따르는 선택을 하기를 원하셨다는 것을 알 수 있습니다. 그리고 만약에 인간 아담이 그 금령을 어겨 선악과를 먹고 선악에 대한 지식을 갖게 되면 죽음으로써 다스릴 것임을 말씀하고 있습니다. 따라서 이 금령은 창조주이신 하나님과 피조물인 인간 사이에 주권 사상을 선포하는 계명(誡命)인 것을 알 수 있습니다.

그러나 아담과 하와는 하나님께서 그렇게 좋게 여기신 기대를 무너뜨리고 선악과를 따 먹고 말았습니다. 그 결과 그들은 말씀대로 선과 악을 알게 되었습니다. 하나님께서 부족함 없이 마련해 주셨는데도, 무엇이 부족하였는지 그 유일한 금령을 어기고 선악과를 먹은 결과, 선도 알게 되고 악도 알게 되었습니다.

그렇다면 그들이 알게 된 선은 무엇이며 악은 무엇일까요? 그들은 자신들이 벌거벗고 있다는 수치를 알게 되었습니다. 모든 인간이 자신의 수치를 알게 되는 것은 선입니다. 수치스러운 허물을 고칠 기대가 있기 때문입니다. 그러나 그들이 이제까지 벌거벗고 있었던 수치를 알게는 되었으나, 그 수치에 대처하는 능력은 없었습니다. 금지된 선악과를 따 먹은 것을 뉘우쳤으나, 그 허물을 회복할 능력 역시 없었습니다. 대처할 능력이 없는 선에 대한 지식은 악일 뿐입니다.

따라서 하나님께서 아담과 하와가 가지지 않기를 원했던 선악에 대한 지식은 그들에게 아무런 유익도 없이, 오히려 하나님의 "먹지 말라"는 명령을 어긴 불순종의 죄와 반드시 죽으리라는 말씀을 믿지 않은 불신앙의 죄, 여기에 더하여 육체의 수치만 드러내는 결과를 초래하였습니다. 그래서 그들은 "반드시 죽으리라" 하신 하나님의 말씀대로 죽게 되었습니다.

여기에서 '죄의 삯은 사망이요(롬 6:23), 죽은 후에는 심판이 있으리라(히 9:27)' 하는 사도 바울의 신학이 발견됩니다. 하나님의 이러한 다스림의 원칙은 이미 그 옛날부터 하나님의 경륜 가운데 섭리되어 왔으나, 신약 시대에 이르러 사도 바울에 의하여 열린 것입니다. 마치 모든 물체가 지구의 중심을 향하여 떨어진다고 하는 만유인력의 이론이 예전부터 적용되어 왔으나, 뉴턴의 시대에 와서 밝혀졌듯이 말입니다.

아담과 하와의 죄로 말미암아 땅 위의 모든 사람이 죄인으로 태어나고, 그 타고난 죄의 성품으로 인하여 또 다른 죄를 지어서 죽을 수밖에 없게 되었습니다.

> 내가 죄악 중에서 출생하였음이여 어머니가 죄 중에서 나를 잉태하였
> 나이다 _시 51:5
> 기록된 바 의인은 없나니 하나도 없으며 _롬 3:10
> 모든 사람이 죄를 범하였으매 하나님의 영광에 이르지 못하더니
> _롬 3:23

그렇다면 우리는 참으로 억울한 인생의 존재입니다. 불순종, 곧 불신앙의 죄를 짓고 선악과를 범한 자는 아담이요 하와인데, 어찌하여 내가 죄 가운데 태어나 죄인으로서 사망의 벌을 받아야 한다는 것입니까? 그것은 우리가 세상적으로 김씨이거나 박씨 또는 이씨인 것은, 다른 이유에서가 아니라 우리의 각자 조상이 그러하였기 때문입니다. 마찬가지로 인류의 조상인 최초의 인간 아담이 불순종과 불신앙의 죄를 범하였기 때문에, 그 죄의 성품이 우리에게 전해져 내려오는 것입니다. 이러한 성품이 나에게 전가되어, 나는 출생으로부터 죄인인 것이며, 이 성품에 의하여 금지되었던 지식이 자라가며, 스스로 죄를 지으며 살아갑니다.

이처럼 스스로 짓는 죄를 '자범죄'라 하고, 이 자범죄의 원인이 된 물려받은 죄를 '원죄'라고 합니다. 이렇게 하여 우리는 두 겹의 죄의 삯을 짊어지고, 수고의 멍에를 메고 심판의 날을 기다리며,

가시와 엉겅퀴가 무성한 세상을 살아갑니다.

에베소서 5장 6절은 거듭남 없이 불순종하는 이들에게 하나님의 진노가 임하고 있다고 말합니다. 전도서 3장 11절을 보면, 모든 인간에게는 하나님으로부터 지음을 받을 때 영원을 사모하는 마음이 주어져 있다고 말하고 있습니다. 우리는 마음속에 이와 같이 영원에 대한 소원을 간직하고 있음에도 불구하고, 그와 반대로 심판과 멸망의 나락으로 전락하고 있는 것입니다.

하나님은 하나님의 금령을 지키지 않고 불신앙과 불순종과 탐심의 죄를 저지른 인간들을 죽음으로 다스리기로 작정하셨으나, 그의 피조물들이 그같은 죽음의 벌을 받는 것을 측은하고 불쌍하게 여기셨습니다. 여러분은 여러분의 자녀를 어째서 사랑하고 아끼십니까? 내가 낳았기 때문이고 나의 피를 이어받았기 때문에, 즉 나를 닮아 있기 때문입니다.

옛날 영화 중에 율 브린너가 주연한 〈대장 부리바〉(Taras Bulba)라는 영화가 있습니다. 코카서스 지방에서 일어난 부족 간의 분쟁과 전투를 그린 영화인데, 한쪽 진영의 사령관인 율 브린너가 엄격한 명령을 내렸습니다. '절대로 민가에 가서 민폐를 끼치지 마라. 만약 누구든지 이 명령을 위반하는 자는 총살형에 처한다'라는 명령이었습니다. 이때 이 명령을 내린 줄 몰랐던, 율 브린너 휘하의 한 분대장이었던 그의 아들이 민가에 가서 음식과 술을 가져다가 피곤하고 지쳐 있던 자기 부하들에게 주었습니다. 그 소문이 병영 내에 퍼져, 율 브린너의 아들은 군령 위반으로 총살형을 모면할 수 없게 되었습니다. 사령관인 아버지는 고민 끝에 아들을 총살대에 세워 놓고 비통한 탄식을 합니다.

"내 아들아(My son), 왜 군령을 어겼느냐! 내가 아들인 너를 죽이랴!"

결국 방아쇠를 당겼습니다. 사령관이라도 율법으로서는 아들을 구하지 못하고 죽일 수밖에 없었습니다.

여러분이 다 들은 일화일 터이지만, 이러한 이야기도 있습니다. 어느 나라의 왕이, 그 나라가 도둑질 때문에 질서가 문란하고 민생이 도탄에 빠지자, 도적질하는 자들이 발각되면 양손을 잘라 버리겠다고 법으로 공포하였습니다. 그런데 최초로 걸려든 사람이 다름 아닌 왕의 아들이었습니다. 왕은 자기가 국법으로 공포한 법을 안 지킬 수 없어 여러 날을 고민하다, 결국 법을 시행하기로 결정내렸습니다. 왕은 먼저 자기의 한쪽 손을 먼저 자르고, 그다음에 아들의 한쪽 손을 자름으로써 법을 시행하였습니다. 왕이면서도 법을 지키기 위해서는 아들도 불구자가 되고, 왕 자신도 불구자가 될 수밖에 없었습니다. 법이 사람을 위하여 있는 것이지 사람이 법을 위하여 있는 것은 아니지만, 법이 사람에 의하여 시행될 때는 이렇게 불완전할 수밖에 없습니다.

로마서 7절 12절의 말씀대로 율법은 거룩하며, 계명도 거룩하고 의로우며 선합니다. 그러나 율법에는 용서가 없고, 따라서 은혜도 없습니다. 죄를 다스리는 율법은 두려운 것입니다.

사랑이신 하나님께서, 장구한 세월 끝에 죄로 죽을 수밖에 없게 된 하나님의 피조물, 곧 인간을 살리기 위하여 인간의 몸으로 이 땅에 내려오십니다. 부모가 물에 빠진 자식을 건지기 위하여 물속에 뛰어들 듯이, 하나님께서 죄악이 관영한 세상에 내려오신 것입니다. 그것이 요한복음 3장 16절입니다.

하나님이 세상을 이처럼 사랑하사 독생자를 주셨으니 이는 그를 믿는 자마다 멸망하지 않고 영생을 얻게 하려 하심이니라 _요 3:16

하나님 자신이 아들 예수라는 이름으로 이 땅에 오셔서, 우리 인간들이 짊어진 모든 죄의 값을 치르십니다. 죄의 값은 사망이라서 우리가 죽어야 할 것을, 하나님이 예수라는 이름의 아들이 되어서 대신 죽어 주신 것입니다. 대속의 죽음입니다. 우리에게는 '너희 죄의 값은 다 치러졌으나 한 가지 요구하는 바가 있으니, 바로 예수를 믿으라'고 하십니다. 그리고 우리에게는 죽음을 요구하지 않고 믿음을 요구하십니다. 우리 대신 죽으신 예수는 부활하시고, 우리도 죽지 않고 생명이 보전됩니다. 하나님의 계명에 대한 법도 지켜지고, 우리의 생명도 구원받습니다.

내가 율법이나 선지자나 폐하러 온 줄로 생각하지 말라 폐하러 온 것
이 아니요 완전하게 하려 함이로라 _마 5:17

이것은 "네가 먹는 날에는 정녕 죽으리라"고 하신, 주권자이신
하나님의 특권입니다.

내가 율법으로 말미암아 율법에 대하여 죽었나니 이는 하나님에 대하
여 살려 함이니라 _갈 2:19

하나님은 그가 지으신 최초의 사람, 아담을 죽지 않게 하기 위
하여 믿음과 순종을 요구하셨고, 우리를 위하여 대신 죽으신 예수
님은 이미 죄로 죽은 우리를 살리기 위하여 믿음을 요구하십니다.
"그는 허물과 죄로 죽었던 너희를 살리셨도다"(엡 2:1)라는 말씀
처럼, 우리는 죄로 말미암아 이미 죽은 자들입니다. 예수님이 우
리를 위하여 대신 죽으시고 그에 대한 응답으로 우리에게 믿음을
요구하셨지만, 우리의 믿음이라는 것은 예수님이 바치신 생명의
가치에는 도저히 대등할 수 없는 것입니다. 그러니 우리는 우리
나름대로, 우리의 믿음에 예수님의 귀한 생명에 버금하는, 내가
감당해야 할 몫이 있어야 할 것입니다. 그것이 곧 하나님의 말씀
에 죽기까지 복종하신(빌 2:8) 예수님을 좇아, 나에게 복 주신 모든
일에 죽기까지 복종하고 순종하여 충성하는 것입니다.

　"네가 죽도록 충성하라 그리하면 내가 생명의 관을 네게 주리라" 하신 이 말씀이 종말론인 요한계시록(2:10)에 기록되어 있습니다. 인류 역사의 장을 여는 최초의 계명인 "순종하라, 그렇지 않으면 죽으리라" 하는 말씀이, 인류 역사를 마무리하는 시대에 죽기까지 복종하고 충성하면 생명의 관이 준비되어 있다고, 종말의 시대를 조명하고 있습니다.

- 2003년 7월 31일 새벽기도회, 든든한교회

# 세월을 아끼는 지혜

시편 90:9-14

향년 120년을 누린 모세의 생애는 3기로 나누어 볼 수 있습니다. 그의 출생으로부터, 애굽 왕 바로의 궁전에서 자라고 문무를 익힌 40년을 제1기 인생으로 구분합니다. 그러다가, 미디안 광야로 쫓겨나 80세에 하나님의 부르심을 받기까지 40년을 제2기 인생으로 봅니다. 메마르고 척박한 불모의 미디안 광야에서 세상과 단절되어 체념과 뼈저린 고독 속에 있던 모세는 80세에 하나님의 부르심을 받았습니다. 이때로부터 120세에 죽기까지, 이스라엘 민족의 출애굽과 대이동을 지휘한 40년을 제3기 인생으로 봅니다.

모세가 하나님으로부터 부르심을 통해 받은 사명은 애굽의 왕 바로 밑에서 노예로 묶여 고통하고 신음하는 이스라엘 민족을 해방시켜, 홍해를 건너 약속의 땅 가나안까지 인도하여 들이는 것이었습니다. 애굽에서 동족 히브리인을 구출하려다 오히려 그 히브리인의 배신으로 쫓겨났다가, 40년이라는 세월이 지난 뒤에 자기를 배반했던 동족을 구하러 간 모세는 참으로 감회가 깊었을 것입니다. 모세는 이 일에 자기를 부르신 하나님께 진정으로 감사했을 것입니다.

그는 하나님의 능력에 의지하여 억눌려 있는 이스라엘 민족을 해방시키고 출애굽하여, 200만 명이 넘는 사람을 이끌고서 젖과 꿀이 흐르는 가나안 복지를 향하는 민족의 대이동을 지휘하였습니다.

"내가 여호와를 찬송하리니 그는 높고 영화로우심이요 말과 그 탄 자를 바다에 던지셨음이로다"로 시작되는 출애굽기 15장은 모세가 대군(大群)을 이끌고 홍해를 건넌 뒤에 쓴 승리와 감사의 장엄한 서사시라고 할 수 있습니다. 어느 모로 보아도 하나님의 사명을 잘 감당한 모세의 사역은 위대하였고, 그 생애는 보람 있었습니다.

그러나 시편 90편은 그의 사역 초기에 기록한 이 승리의 노래와 달리 고백적이며, 고뇌와 탄식이 표출되어 있는 것을 알 수 있습니다.

9우리의 모든 날이 주의 분노 중에 지나가며 우리의 평생이 순식간에 다하였나이다 10우리의 연수가 칠십이요 강건하면 팔십이라도 그 연수의 자랑은 수고와 슬픔뿐이요 신속히 가니 우리가 날아가나이다 …
12우리에게 우리 날 계수함을 가르치사 지혜로운 마음을 얻게 하소서

_시 90:9-10, 12

모세는 자신의 신명을 다 바친 삶을 어찌하여 '주의 분노 중에 지나며 그 평생이 일식간에 다한다'라고 술회하는 것일까요? 한 민족을 구출해낸 생애가 어찌 수고와 슬픔뿐이란 말인가요? 죽는 순간까지 깡그리 바친 생애가 어찌 헛되고 우매하기에, 지혜의 마음을 얻게 하여 달라고 간구한 것일까요!

신명기 1장 2절을 보면, 이스라엘 백성들이 홍해를 건넌 곳에서부터 가나안 접경 가데스 바네아까지는 열하루 길인 것을 알 수 있습니다. 그러나 은혜를 입은 이스라엘 백성들이 은혜를 망각하고, 가나안으로 가는 길에 대하여 불평하고 원망하며 패역하기를 거듭했습니다. 이 까닭에, 그들은 40년이라는 긴 세월을 광야에서 지내야 했습니다. 그들은 쓴물을 단물로 변하게 하여 마시게 하였어도 하나님을 원망하였으며, 반석을 쳐서 콸콸 흐르는 물을 마시게 하였어도 불평하고 원망하였으며, 인도자 모세에게 돌을 던지려 하기도 했습니다.

모세는 거듭되는 이스라엘 백성들의 불평과 불신앙과 공박에 격분한 나머지, 반석에게 명하여 물을 냈어야 하는 것을 지팡이로 반석을 두 번이나 침으로써 하나님의 영광과 거룩에 흠을 내고야

말았습니다. 민수기 20장 10-12절, 신명기 32장 48-52절에 기록되어 있는 바와 같이, 모세는 이스라엘 민족이 가나안에 이르도록 끝까지 지휘하지 못하고, 사명이 해제되고 말았습니다. 그렇게도 동경하고 사모하던 약속의 땅에 들어가지도 못하고, 가나안을 눈 아래로 내려다보면서 그 생애를 마쳤습니다. 내용으로 보아, 시편 90편은 모세가 이때 그 가슴속에 새겨 놓은 고뇌와 회한의 고백인 것 같습니다.

'열하루면 가나안에 들어갈 것을 40년이나 걸리게 한 것은 내가 어리석어 날의 계수함을 몰랐던 까닭이요, 가나안까지 이 회중을 이끌고 못 들어가는 것은 내가 어리석어 하나님을 경외함이 부족했던 탓이로다. 내가 조금만 더 하나님을 경외하였더라면 지팡이로 반석을 치지는 아니하였을 것인데…(잠 1:7, 9:10, 여호와를 경외함이 지식의 근본이요 지혜의 근본이 아니던가!). 이 연고로, 우리의 지나온 날이 하나님의 분노 가운데 지나간 것이 되고, 이 까닭에 나에게 주어졌던 사명이 해제되고 내 생명도 거두어 가시니, 우리는 가나안에 들어가지도 못하고, 우리의 평생이 일식간에 지나가 버리는도다!'

이 구절을 깊이 묵상해 보면, 마치 누가복음 17장 10절에 나오는 어느 종의 겸손한 고백을 듣는 것 같습니다. 그 종은 자기가 할 일, 곧 물을 긷고 장작을 패며 짐을 나르고 집안 청소를 하는 등의 모든 일을 다 하고서도, 주인을 향하여 "주여, 저는 무익한 종이로

소이다"라고 합니다. 모세는 위대한 사명을 감당해냈으면서도, 80의 나이에 자기를 부르신 하나님이 주신 사명을 자신의 부족으로 다 감당하지 못했음을, 그런 표현으로 고백한 것 같습니다.

12절에 "우리 날 계수함을 가르치사"라고 한 것은 무슨 말일까요? 에베소서 5장 16절에 "세월을 아끼라 때가 악하니라"고 하였는데, 세월을 아낀다는 것은 또 무엇을 뜻할까요? 창조주이신 하나님이 운행하시는 시간을 우리가 어떻게 세고 아낀다는 것일까요? 우리가 달려가거나 비행기를 타고서 빨리 날아간다고 하여 하나님이 정하신 속도대로 지나가는 세월이 아껴지는 것은 아닙니다. 세월은 기차보다 빠르고 비행기보다 빠릅니다.

'세월을 세고 아끼는 것'은 하나님께서 악한 세상 가운데 있는 우리에게 주신 세월을 하나님의 시간과 세월로 돌려드리는 것입니다. 즉, 하나님의 뜻이 이루어진 시간과 세월로 드리는 것을 말합니다. 우리가 하루를 하나님의 뜻대로 살았으면 하루를 하나님께 아껴 드린 것입니다. 1년을 하나님의 뜻을 따라 살았으면 1년을 하나님께 아껴 드린 것이요, 일평생을 하나님의 뜻을 따라 살았으면 일평생을 하나님께 아껴 드린 것입니다. 그렇게 내 생애가 주님의 날로 바쳐진 삶은 곧 영생이요 천국입니다.

하나님께서 기뻐 받으시는 것이 무엇입니까? 우리가 다 잘 아는 바와 같이, 하나님은 우리의 제사나 예물이나 모든 것의 첫것을 기뻐 받으십니다. 과일도 첫열매, 짐승도 양이나 염소의 첫새

    

끼를 기뻐 받으십니다. 그러나 첫것이라고 해서 하나님께서 무조건 다 받지는 않으십니다. 과일의 첫열매가 벌레 먹거나 썩었을 수 있고, 짐승의 첫새끼도 상처가 나거나 흠이 있을 수 있습니다. 고로 첫것이란 가장 좋은 것을 의미합니다.

민수기 18장 12절을 보면 첫열매는 곧 제일 좋은 것이라고 말하고 있습니다. 범죄한 사람이 땅에서 수고하고 만들어낸 것 중에서는 첫것이라도 흠이 있을 수 있습니다. 그러나 사람의 수고에 의해서가 아닌 하늘의 궁창에 속한 것은 두말할 것 없이 첫것이 좋습니다.

하나님이 이르시되 하늘의 궁창에 광명체들이 있어 낮과 밤을 나뉘게 하고 그것들로 징조와 계절과 날과 해를 이루게 하라 _창 1:14

이것은 인류의 역사를 이루어가는 바탕이며, 인간들에게는 소유할 수 없게 주어진 자산입니다. 다만 지혜에 따라 계수하고 아껴 관리할 수 있도록 주어진 무형의 자산입니다. 하나님은 이 자산의 첫부분을 기뻐 받으시는 것입니다.

하나님께서 기뻐 받으시는 것 두 가지는 전도와 제물입니다. 우리 믿는 성도들이 최상의 과제로 삼고 있는 전도는 사명이지 예물이 아닙니다. 따라서 전도의 사명을 완수하는 일은 하나님께서 조마조마하면서 기뻐 받으시며, 제물은 흡족해하면서 기뻐 받으십니다. 예수님은 대속의 죽음으로 사명을 완수하시고, 하나님은 아들의 사명 다함을 아픈 마음 가운데 기쁘게 받으셨습니다.

그런데 예수님께서 하나님께 드린 것은 새벽이었습니다. 새벽 시간은 하루를 사는 시간의 첫부분입니다. 예수님은 이 첫 시간에 하나님과 대화하고 하루 일을 시작하셨습니다. 예수님께서는 죽으셨으나, 그가 바친 새벽 시간에 부활하셨습니다.

새벽을 깨운 여인들이 예수님 부활의 첫증인이 되었습니다. 광야에서 배가 주렸던 이스라엘 백성들도 새벽에 만나를 얻었습니다. 청계천이 복개되기 전, 구정물이 흐르던 청계천 다리 밑에 가마니를 치고 활빈교회를 개척했던 김진홍 목사는 수없이 좌절하고 넘어졌으나, 시편 57편 8절에 있는 "내가 새벽을 깨우리로다" 하는 말씀에 도전을 받고 새벽을 깨우는 운동을 시작했습니다. 어느 교회는 교회를 부흥시키기 위하여 새벽기도 부흥에 힘썼다고 합니다. 서울의 큰 교회들 대부분도 모두 새벽기도회가 살아남으로써 크게 부흥하였습니다.

자기에게 주어진 시간 중에 새벽 시간을 하나님의 시간으로 아껴 드린 사람들은 모두 범사가 잘되고 형통하고 강건하게 된 것을 볼 수 있습니다. 새벽 시간을 주님께 드리는 것은 세월을 아끼고 날을 계수하는 최고의 지혜입니다.

왜 하나님이 첫 시간을 좋아하실까요? 아담의 후예인 우리 인간들이 세상 사는 일로 온갖 난동을 치니, 땅 위의 모든 것이 상처가 나고 오염되고 헝클어지고 더러워집니다. 밤이 되고 아침이 되는 동안, 하나님께서 그렇게 더러워진 것을 소성시키시고 회복케 하십니다. 그 신선함과 싱그러움, 천혜의 고요와 청정함으로 창조주 하나님을 만나기에 가장 좋고 합당하게 하신 시간이 새벽 시간입니다.

새벽잠은 꿀같이 답니다. 육신의 피로가 가장 잘 풀리는 시간이지만, 이 시간을 아끼지 못하면 그날 하루를 다 잃게 됩니다. 따라서 새벽 시간을 하나님께 드리는 것은 세월을 아끼는 가장 현명한 지혜요, 이를 통해 날을 계수함을 배우게 됩니다.

사실 새벽기도회는 신학적인 산물이 아닙니다. 또한 각 나라 기독교 문화의 다른 측면도 아닙니다. 단지 성경적인 것입니다. 우리 모두 새벽을 깨우기를 바랍니다. 새벽이 우리를 깨우는 것이 아니라 우리가 새벽을 깨울 때, 우리가 드린 첫것의 보화와 축복이 우리에게 풍성하게 돌아올 것입니다.

- 2003년 8월 7일(목) 새벽기도회, 든든한교회

*In the depths
of my soul*